Sara Kitzmann

Ein tägliches Fest

Mitten im Familienalltag das Leben feiern

Francke

Über die Autorin:

Sara Kitzmann, Jahrgang 1990, ist verheiratet und Mama von 4 Kindern. Ihr Herz schlägt dafür, andere Frauen, insbesondere Mütter, in ihrem Alltag zu ermutigen, ihnen den Wert ihrer Arbeit deutlich zu machen und sie auf Jesus auszurichten. Gemeinsam mit ihrem Mann ist sie in der Gemeindearbeit aktiv und auch darüber hinaus als Referentin, Autorin und Bloggerin in der Frauenarbeit tätig.

Bibliografische Information der Deutschen Nationalbibliothek
Die Deutsche Nationalbibliothek verzeichnet diese Publikation in der Deutschen Nationalbibliografie; detaillierte bibliografische Daten sind im Internet über https://dnb.de abrufbar.

ISBN 978-3-96362-412-4

35037 Marburg an der Lahn
Umschlagbild: © shutterstock/Olena Rudo
Illustration: © pixabay/Graphic_King
Bilder Innenteil: © Sara Kitzmann
© Unsplash
Umschlaggestaltung: Francke-Buch GmbH / Marion Schramm
Satz: Francke-Buch GmbH
Printed in Poland

www.francke-buch.de

Inhalt

Vorwort

Wer hat sich eigentlich ausgedacht, dass hübsche Kleider nur für sonntags, Kuchen nur für Besuch und Blumen nur für besondere Anlässe sind? Wer hat sich ausgedacht, dass man sich nur dann freuen darf, wenn etwas außergewöhnlich Schönes passiert, Lachen nicht in den Alltag gehört und Arbeit etwas Lästiges ist?

Immer wieder begegnet mir dieses Denken und damit verbunden die Ansicht, der Alltag sei etwas Graues und Eintöniges. Etwas, das man einfach irgendwie überleben muss, bis es endlich wieder Sonntag, endlich wieder Urlaub ist, endlich wieder mal etwas ansteht, worauf man sich freuen kann. Und ich selbst habe es lange Zeit nicht besser gewusst.

Doch wenn wir bedenken, dass der größte Teil unseres Lebens aus Alltag besteht, ist das wirklich ein ziemlich tristes Dasein.

Die gute Nachricht ist: Wir sind unserem Alltag nicht einfach ausgeliefert. Unser Alltag ist zu einem großen Teil genau das, was wir daraus machen, was wir hineinlassen, was uns wichtig ist. Alltag ist das, wohinein wir unsere Zeit, Kraft und Kreativität stecken. Ob unser Alltag grau oder bunt ist, liegt zu einem großen Teil bei uns.

Die Bibel sagt in Sprüche 15,15: »Für ein fröhliches Herz ist jeder Tag ein Fest.« Das heißt: Mein Alltag darf zu einem täglichen Fest werden, wenn ich die richtige Herzenseinstellung habe. Und deshalb möchte ich dich mit diesem Buch ermutigen: Auch dein Alltag muss nicht grau sein. Er darf bunt und hell und fröhlich sein. Weil Jesus mittendrin ist. Er kommt nicht nur an den Sonntagen zu Besuch, sondern möchte mit dir durch deinen Alltag gehen. Alles, was sich jeden Tag immer wieder aufs Neue wiederholt, sodass du manchmal das Gefühl hast, in einer nervigen Endlosschleife zu stecken, darfst du von Herzen für ihn und mit ihm tun. Das verleiht all diesen kleinen belanglosen, nie enden wollenden Aufgaben Glanz und Würde.

Dein Alltag darf ein Fest sein. Deshalb lebe deinen Alltag als diejenige, die du in Wirklichkeit bist: als eine Tochter Gottes. Eine Jüngerin Jesu. Gib nicht dem Trübsinn und dem Selbstmitleid Raum. Du darfst fröhlich sein! Und du darfst deinen Blick auf Dinge lenken, die dich ermutigen und freuen. Du darfst deinen Alltag vor dem Angesicht Jesu leben. Gehe in seinen Fußstapfen durch den Tag und versuche, ihn in allem, was du tust, zu erkennen. Dann wirst du erleben, dass er deinen Alltag mit seiner Gegenwart zum Glänzen bringt und sich so vieles in deinem Denken und Handeln verändert. Und dass dir plötzlich ganz andere Dinge wichtig sind als früher und du vielleicht sogar ein Liedchen summend die Fenster putzen kannst. Denn seine Gegenwart verändert nicht nur deinen Alltag, sondern vor allem dich selbst.

Für ein fröhliches Herz ist jeder Tag ein Fest, ganz egal, ob es Wochenende oder Montagmorgen ist. Deshalb zieh dir ein hübsches Kleid an, back für deine Familie einen Kuchen, zünde eine Kerze an und feiere deinen ganz gewöhnlichen Alltag. Freu dich über deine Lieben und dein Zuhause. Und entscheide dich dafür, dir auch von den lästigen Aufgaben nicht die Freude nehmen zu lassen. Entscheide dich für Fröhlichkeit!

Dein Alltag muss nicht zwingend grau, trist und eintönig sein. Dein Alltag kann bunt, fröhlich und hell sein. Er ist das, was du draus machst. Mach doch einfach ein Fest daraus!

In diesem Buch teile ich mit dir Erfahrungen, die aus meinem tristen Alltagsgrau einen liebenswerten Alltag gemacht haben. Es ist eine bunte Mischung aus praktischen Tipps und geistlichen Impulsen, familientauglichen Lieblingsrezepten und persönlichen Erlebnissen. Mach dir eine Tasse Kaffee oder einen Tee und komm ein Stückchen mit in meinen bunten Alltag.

Ich wünsche dir viel Segen beim Lesen und Freude auf deinem Weg zu einem liebenswerten Alltag!

Von Herzen, deine Sara

BE-RO Cornish Pasties
Another Kind of Pastry
BE-RO Short Pastry

Ein fröhliches Herz

Die einzige Zutat bei allem

Gute Rezepte sind eine feine Sache. Man muss sich nur daran halten, die entsprechenden Zutaten in der richtigen Menge miteinander verrühren und schon hat man am Ende einen leckeren Schokokuchen, über den sich die ganze Familie freut.

Wünschst du dir auch manchmal, das Leben wäre so einfach? Dass es das ultimative Rezept für eine glückliche Familie, ein erfolgreiches Leben und ein volles Bankkonto gäbe? Damit kann ich dir leider nicht dienen, aber in der Bibel finden wir das Rezept für einen liebenswerten Alltag. Für ein Leben, in dem jeder Tag ein Fest ist. Und dafür braucht es sogar nur eine einzige Zutat: ein fröhliches Herz. »… ein fröhliches Herz hat immer ein Festmahl« (Sprüche 15,15). Im gleichen Vers können wir übrigens auch lesen, was einen trüben und tristen Alltag ausmacht: »Ein Unglücklicher hat lauter böse Tage …«. In diesem Vers steckt so unglaublich viel Weisheit für unser Leben. Und wenn wir das einmal begriffen haben, werden wir verstehen, warum es so wichtig ist, unser Herz zu behüten. Das Prinzip, das wir hier finden, lautet: Wer ein fröhliches Herz hat, der hat ein Festmahl. Nicht wer ein Festmahl hat, kann deshalb endlich fröhlich sein.

Wir denken jedoch oft andersherum. Wir schlendern schlecht gelaunt durch unseren Tag und warten darauf, dass uns doch mal jemand einen Strauß Blumen vorbeibringt oder sonst etwas Besonderes passiert, damit wir endlich einen Grund haben, fröhlich zu sein. Und weil so etwas ja in der Regel nicht besonders oft passiert, vergeht jeder Tag, jede Woche, jedes Jahr im üblichen Alltagsgrau. Und wir würden nie auf die Idee kommen, dieses Leben als ein Fest zu bezeichnen.

Einen großen Schritt zu einem fröhlichen Alltag tun wir dann, wenn wir verstehen, dass nicht unsere Umstände, sondern unsere Herzenshaltung maßgeblich für unsere Lebensqualität verantwortlich ist. Und genau deshalb ist es so wichtig unser Herz zu behüten. In Sprüche 4,23 lesen wir: »Mehr als alles andere behüte dein Herz, denn von ihm geht das Leben aus.«

Etwas zu behüten, bedeutet, dass wir gut

darauf aufpassen. Es gibt so viele Dinge, auf die wir im Laufe eines Tages aufpassen: Wir geben uns Mühe, dass das Mittagessen genau dann auf dem Tisch steht, wenn unsere Kinder hungrig nach Hause kommen; wir passen auf, dass der Kleine seinen Teller nicht aus Versehen auf den Boden wirft und der Große seine Aufgaben macht. Wir schauen, dass wir unseren Geldbeutel nicht im Laden liegen lassen und pünktlich zum Elternabend kommen. Wir passen auf, dass unsere Kinder nicht vors Auto laufen, die Wäsche draußen auf der Leine nicht nass wird, weil es zu regnen beginnt, und unsere Blumen nicht vertrocknen. Und es ist ja auch wichtig und richtig, dass wir das tun.

Aber wie bewusst passen wir auf unser Herz auf? Wie gut schauen wir da, welchen Gedanken und Gefühlen wir Raum geben? Wir sollen es mehr als alles behüten, denn davon hängt so viel ab, mehr als von einem Teller Essen, der auf dem Boden landet, oder einem vergessenen Termin.

Unser Herz zu behüten, ist überlebenswichtig. Denn alles, was wir tun, jede Entscheidung, die wir treffen, und jedes Gefühl, das wir empfinden, entspringt unserem Herzen. Und hat somit Einfluss auf unser ganzes Leben.

Manchmal stehe ich morgens auf und ohne dass schon irgendetwas Besonderes passiert ist, ist mir einfach alles zu viel. Aus jeder Ecke lachten mich das Chaos, die Unordnung, die viele Arbeit an und ich habe das Gefühl, dem Ganzen nie im Leben gewachsen zu sein. Unmotiviert und leicht genervt hocke ich mich dann aufs Sofa und starre Löcher in die Luft, während ich mich darüber ärgere, dass mein Kleiner schon wieder ein Buch mit mir anschauen möchte.

Aber es gibt auch Tage, an denen nichts wirklich Aufregendes passiert ist und ich hoch motiviert am liebsten noch einen zweiten Gemüsegarten anlegen, ein weiteres Buch schreiben und am besten noch Hühner anschaffen möchte. Und während ich über meine Pläne nachdenke, sammle ich wie nebenbei die Schmutzwäsche ein, räume das umherliegende Spielzeug weg und freue mich mit meinem Kleinen über die Staubkörnchen, die so schön im Sonnenlicht funkeln.

Kennst du so etwas auch? Die gleiche Situation, zwei verschiedene Herzenshaltungen, ein komplett unterschiedliches Ergebnis. Daran können wir erkennen, warum es so wichtig ist, auf unser Herz aufzupassen. Denn die Einstellung unseres Herzens bestimmt, wie wir uns selbst, unsere Mitmenschen und alles um uns herum wahrnehmen. Wenn wir ein fröhliches Herz haben, dann können wir sogar über kleine Missgeschicke lachen, während diese uns restlos überfordern, wenn wir ohnehin schon genervt und unzufrieden in den Tag gestartet sind. Die Einstellung unseres Herzens bestimmt, wie wir durch den Tag gehen, wie wir Herausforderungen und Menschen begegnen und mit welchem Blick wir auf unser Leben schauen. Deshalb müssen wir sehr genau aufpassen, welchen Gedanken und Gefühlen wir dort Raum geben. Nähren wir die Unzufriedenheit und die schlechte Laune und lassen Bitterkeit Wurzeln schlagen, dann werden wir kaum einen besonders fröhlichen Alltag haben.

Wenn Fröhlichkeit also nichts ist, was sich aus unseren Umständen heraus begründen lässt, woher kommt sie dann? Ich habe die Erfahrung gemacht, dass Fröhlichkeit (genauso wie Dankbarkeit und Zufriedenheit) etwas ist, für das ich mich bewusst entscheiden kann. Manchmal ertappe ich mich dabei, dass ich ziemlich missmutig meine Töpfe schrubbe und mich darüber ärgere, dass mir der Kleine schon wieder am Rockzipfel hängt und überhaupt ständig im Weg ist. Wenn mir das bewusst wird, habe ich zwei Möglichkeiten: Entweder ich denke weiterhin darüber nach, was für ein bemitleidenswertes Wesen ich doch bin, weil das Essen heute angebrannt ist und ich außerdem noch bei jedem Schritt in meiner ohnehin sehr engen Küche über den Knirps stolpere … oder ich entscheide mich für Fröhlichkeit und nehme die ganze Situation mit Humor. Ich kann mich dazu entscheiden, mich zu freuen, dass wir heute etwas zu essen hatten, dass ich gesund genug bin, um diesen Topf zu schrubben, und dass ich einen kleinen Menschen habe, der um mich herumwuselt. Es macht so einen großen Unterschied und es ist die Entscheidung meines Herzens. Ich glaube, du kannst dir ausmalen, wie sich beide Möglichkeiten in meinem Alltag widerspiegeln …

Ob wir Dinge als Lust oder Last empfinden, hängt oft von unserer Herzenseinstellung ab. Möchtest du fröhlich durch den Tag gehen, soll dein Alltag zu einem Fest werden? Dann behüte dein Herz! Behüte es mehr als alles, worauf du sonst noch aufpasst. Lass schlechten Gedanken und Gefühlen keine Sekunde Zeit, sich dort einzunisten, sondern fülle es stattdessen mit Gottes Wahrheiten, mit Dankbarkeit und Zuversicht!

Die richtige Stimmung

Es reicht jedoch nicht, einfach nur gut auf unser Herz aufzupassen, um fröhliche Töne zu spielen. Denn oft wird im Laufe des Tages kräftig an unseren Saiten gezerrt oder wir bekommen hin und wieder auch mal einen Stoß ab. Da ist es doch nur logisch, dass unsere Herzenssaiten mit der Zeit ganz schön verstimmt sind und wir schiefe Töne verbreiten. Deshalb müssen wir uns immer wieder von einem Fachmann richtig stimmen lassen, und zwar von Jesus. Ich habe vor einer Weile einen schönen Satz entdeckt, in dem so viel Wahres steckt: »Wer seine Saiten bei Tagesbeginn vom Herrn stimmen lässt, wird nicht verstimmt durch den Tag gehen.«

Auch wenn ich es nicht immer schaffe, mich gleich bei Tagesbeginn einstimmen zu lassen, merke ich doch, wie viel daran hängt, ob ich mir im Laufe des Tages überhaupt die Zeit dafür nehme oder nicht. Manchmal vergeht ein Tag, ohne dass ich in meine Bibel geschaut habe, weil es einfach so viel zu tun gab. Und dann vergeht noch ein zweiter und ein dritter. Und mir fällt es schon gar nicht mehr auf, dass ich heute wieder keinen Blick in Gottes Wort geworfen habe und dass meine Alltagsgespräche mit Jesus immer weniger werden. Aber ich merke, dass ich ungeduldiger, liebloser und freudlos werde, und frage mich, warum. Dabei liegt die Antwort doch auf der Hand: Ich wurde einfach schon eine Weile nicht mehr gestimmt. Angesichts der täglichen Herausforderungen, mit denen ich konfrontiert bin – hier wird mal kräftig an mir gezerrt und dort bin ich mal Temperaturschwankungen ausgesetzt –, ist es doch klar, dass ich mit der Zeit nur noch schräge Töne von mir gebe.

Damit ich fröhlich durch meinen Tag gehen und harmonische Klänge verbreiten kann, muss ich mich regelmäßig von Jesus stimmen lassen. Das tu ich, indem ich mich von seinen Worten inspirieren und erfüllen lasse und meinen Alltag in Verbundenheit mit ihm lebe. Doch das passiert nicht von allein, ich muss mich jeden Tag neu bewusst dafür entscheiden. Wenn ich das tue, macht das einen großen Unterschied. Denn nur mit ihm, der Freude, Farbe und Licht in mein Leben bringt, wird mein Alltag fröhlich und bunt.

Morgenstimmung

Wenn ich meine Gitarre stimmen möchte, geht das am besten, wenn es ganz still ist. Je lauter es um mich herum ist, desto schwerer fällt es mir, den richtigen Ton zu treffen. Und ich glaube, genauso ist es auch mit der Zeit, die ich Jesus widme, in der ich mich von ihm stimmen lasse. Je stiller es um mich ist, desto besser klappt das. Jedenfalls habe ich diese Erfahrung schon oft gemacht. Deshalb nutze ich so gern die Stille am frühen Morgen

dazu. Noch bevor der Tag richtig losgeht und es laut wird. Natürlich klappt das nicht immer; es gibt immer wieder Phasen im Leben, in denen das einfach nicht machbar ist: wenn du ein Baby hast, das dich nachts weckt, ein unruhig schlafendes Kleinkind oder in Krankheitszeiten. Deshalb sollst du dich auf keinen Fall unter Druck gesetzt fühlen, unbedingt morgens früh Gott begegnen zu müssen. Für Jesus ist es kein Problem, dir auch mitten am Tag zu begegnen und dich dann zu stimmen. Aber ich habe gemerkt, welch ein Segen für mich darin liegt, wenn ich die Stille am Morgen dafür nutze und wenn sein Wort das Erste ist, was ich auf mich wirken lasse. Deshalb möchte ich dich ermutigen, wenn es dir möglich ist, es auch mal zu probieren.

Ich muss zugeben, dass es für mich selbst nach einer erholsamen Nacht mit ausreichend Schlaf morgens wirklich eine Herausforderung ist, früher aufzustehen. Die Bettdecke ist morgens irgendwie besonders schwer und das Bett so schön warm und kuschelig. Deshalb muss ich mir selbst Anreize schaffen, die mich zum Aufstehen motivieren. Im Nachhinein habe ich es noch nie bereut, früh aus den Federn gekommen zu sein.

Ich teile mit dir hier ein paar Tipps, die mir dabei helfen. Aber vorneweg eine ehrliche Bemerkung: Je nachdem, wie die Nacht war, schaffe ich es längst nicht jeden Morgen. Manchmal schläft mein Kleiner morgens auch nicht fest genug, dass ich mich wegschleichen kann, oder ich werde mal wieder mit Kopfschmerzen wach. Deshalb sei barmherzig mit dir selbst und akzeptiere die Phasen des Lebens, in denen das frühe Aufstehen eben nicht möglich ist. Es werden auch wieder andere Zeiten kommen.

Der Volksmund sagt: »Morgenstund hat Gold im Mund.« Das wussten schon die Alten. Und ich weiß es eigentlich auch. Doch viel zu oft sind mir ein paar Minuten Schlummern wertvoller als dieses Gold. Also muss ich mir Anreize schaffen, um mich selbst zu motivieren.

Meine vermutlich größte Motivation steht in Sprüche 31,15: »... und sie steht auf, wenn es noch Nacht ist.« Da der ganze Abschnitt aus Sprüche 31 im Laufe der letzten Jahre zu einer Art Visionboard für mich geworden ist, ist dieser Vers natürlich eine große Motivation. Und so halte ich ihn mir immer wieder vor Augen. Und folgende Punkte helfen mir ganz praktisch:

1. Ordnung am Abend

Ein ganz wichtiger Punkt, um morgens früh aufstehen zu können, ist für mich, wenn ich am Abend vorher die Küche und den Wohnbereich aufgeräumt habe und dort Ordnung herrscht. Denn wenn ich weiß, dass in der Küche noch alles herumsteht und das Wohnzimmer im Chaos versinkt, bin ich sicher nicht motiviert, mich früher als unbedingt notwendig in diese Unordnung zu begeben.

2. Vorbereitung auf den Morgen

Wenn ich mir am Vorabend überlege, was ich am nächsten Tag anziehen möchte, und mir das alles im Bad zurechtlege, fällt es mir auch oft leichter aufzustehen. So kann ich mich morgens in Ruhe anziehen, ohne dass ich jemanden wecke, weil ich im Schrank herumwühle. Ganz wichtig: mein warmer Strickmantel. Denn wenn morgens die Heizung noch aus ist und ich außerdem noch müde bin, wird mir schnell kalt und dann kann ich die Zeit mit dem Herrn auch nicht wirklich genießen.

3. Nicht zu spät ins Bett

Ich genieße es, wenn es am Abend ruhig ist. Aber diese Ruhe ist auch verführerisch. Denn sie verleitet mich dazu, diese Zeit gründlich zu nutzen, und dann gehe ich oft erst ziemlich spät schlafen. Und das wiederum ist morgens ein Argument, doch nicht aufzustehen, weil zu wenig Schlaf ja bekanntlich auch nicht gut ist. Wenn ich aber weiß, dass ich eigentlich genug geschlafen habe, fällt dieses Argument schon mal weg. Deshalb: Der Erfolg am Morgen fängt mit dem Erfolg am Abend an. Nämlich damit, rechtzeitig schlafen zu gehen.

4. Morgenroutine

Mit einer schönen Morgenroutine lässt es sich viel besser in den Tag starten. Während das Wasser kocht, zünde ich schon mal den Kamin und die Kerze auf dem Tisch an. Dann mache ich mir einen Tee oder Kaffee. Ich habe mir dafür extra eine besonders schöne Tasse gekauft, die ich auch nur für diese Zeit nutze.

5. Gemütlichkeit

Ich mache es mir gerne gemütlich bei meiner morgendlichen Stillen Zeit. Denn in einer schönen Umgebung begegnet man Gott doch noch mal anders als mitten im Chaos, das ich den Rest des Tages ja noch um mich haben werde. Das erinnert mich immer ein bisschen daran, dass der Tempel als Ort der Begegnung mit Gott auch ein besonders schöner Ort war. Und so schaffe ich mir ein kleines bisschen Schönheit für diese besondere Zeit: ein schön gestalteter, aufgeräumter Ort, eine besonders hübsche Teetasse und Kerzenlicht. Auch das motiviert mich, morgens aus dem Bett zu kommen.

6. Erinnern an den Segen

Ich glaube, dass jeder, der es einmal selbst ausprobiert hat, weiß, was für ein unglaublich großer Segen es ist, sich morgens von Gott einstimmen zu lassen: ihm als Erstes und in aller Ruhe zu begegnen und aus dieser Be-

gegnung heraus den Alltag zu meistern. Diese Erfahrung zieht sich wie ein goldener Faden des Segens durch den ganzen Tag. Und trotzdem vergesse ich es schnell und deshalb muss ich mich immer wieder daran erinnern, was für ein Segen es für mich ist. Auch das weckt in mir die Vorfreude darauf, aufzustehen und meinem Gott zu begegnen.

Von Wurzeln, Wasser und dem Wetter

Der letzte Sommer war heiß. Und trocken. Sehr trocken. So trocken, dass nach einer Weile absolut alles in meinem *Anfänger-Garten* hoffnungslos vertrocknet war. Dem Apfelbaum vom Nachbarn jedoch schien die Hitze nicht das Geringste auszumachen und im Herbst hing er rappelvoll mit strahlend roten Äpfeln. Und das, obwohl er den gleichen Witterungsverhältnissen ausgesetzt war wie meine Gemüsepflanzen. Woran konnte das liegen? Der Apfelbaum steht schon ein paar Jahre länger dort als mein Gemüse im Garten und hat dementsprechend schon viel Zeit gehabt, Wurzeln zu treiben. Nach unten, wo es selbst nach Wochen ohne Regen noch Wasser gibt. Und er hat diese Zeit tüchtig genutzt.

Manchmal ist so ein Apfelbaum klüger als ich. Er weiß, dass es für seine Existenz und seinen Erfolg sehr wichtig ist, dass er tiefe und stabile Wurzeln hat, und so treibt er diese fleißig in die Tiefe immer Richtung Wasser. Deshalb machen ihm nicht nur ein paar Wochen Sommerhitze wenig aus, sondern er kann auch noch anderen Schutz vor der Sonne im kühlen Schatten seiner Äste bieten. Das passiert natürlich nicht von heute auf morgen und darum dauert es auch deutlich länger, bis es bei einem Apfelbaum etwas zu ernten gibt, als bei meinen Gemüsepflanzen im Garten.

Ist es nicht in unserem Alltag auch oft so, dass wir uns eher dazu entscheiden, eine Zucchinipflanze zu setzen als einen Apfelbaum? Dass wir unsere Prioritäten danach ausrichten, was uns am schnellsten Ertrag verspricht, anstatt danach, was uns fest gegründet und tief verwurzelt sein lässt? Das ist doch der Grund, warum wir uns eher dazu entscheiden, die Wäsche zu falten oder die Küche aufzuräumen, als unsere Bibel aufzuschlagen. Der Schlüssel für einen fröhlichen Alltag liegt aber nicht darin, wie erfolgreich unser Leben nach außen aussieht und wie schnell ich den Ertrag meines Tuns sehen kann, sondern wie tief und zuverlässig ich am Wasser verwurzelt bin.

Die Bibel definiert sehr genau, was einen erfolgreichen Menschen kennzeichnet:

»Glücklich ist, […] wer Freude hat am Gesetz des Herrn und darüber nachdenkt – Tag und Nacht. Er ist wie ein Baum, der nah am Wasser gepflanzt ist, der Frucht trägt Jahr für Jahr und dessen Blätter nie verwelken. Was er sich vornimmt, das gelingt« (Psalm 1,1-3).

Glücklich ist nicht der, dessen Leben glattgeht und der keine Herausforderungen hat. Glücklich ist auch nicht der, der ein einwandfreies Leben führt und niemals Fehler macht. Glücklich ist der Mensch, der seine Freude an Gottes Wort hat. Der sich damit füllt und dessen Denken und Handeln davon bestimmt sind. Freude und Glück hängen weniger davon ab, wie bilderbuchmäßig unser Leben verläuft und wie viel Sonnenschein wir abkriegen, sondern vielmehr davon, ob unsere Wurzeln nah am Wasser sind. Ob wir fest in Jesus verwurzelt sind und ob er und sein Wort unsere Freude sind. Doch wie schnell verliere ich das aus den Augen und suche überall nach Gründen und Erklärungen für meine welken Blätter, nur nicht hier. Ich strecke meine Wurzeln in einen staubigen, ausgetrockneten Boden und mache das Wetter für meinen Trübsinn und meine mangelnde Fröhlichkeit verantwortlich. Ich erwarte von meinen Umständen, dass sie das tun, was nur die Wurzel tun kann. Mich stärken und ernähren.

Ich glaube, dass es gar nicht so wichtig ist, in welcher Umgebung wir stehen, welchen Herausforderungen wir begegnen und welche Wetterlage gerade herrscht. Wichtig ist, wohin wir unsere Wurzeln strecken. Womit wir uns beschäftigen, was uns füllt und prägt.

Haben wir unsere Freude an Gottes Worten und füllen wir uns damit, bestimmen diese unser Denken und Handeln, dann wird unser Herz voll Freude sein. Und diese Freude gibt uns die Kraft für unseren Alltag mit all seinen Herausforderungen. Dann können wir getrost jeden Morgen sagen: »Dies ist der Tag, den der Herr gemacht hat; wir wollen uns freuen und fröhlich sein in ihm!« (Psalm 118,24). Diese Gewissheit lässt uns zuversichtlich und fröhlich durch unseren Tag gehen und macht unseren ganz gewöhnlichen Alltag zu einem Fest, bei dem Gott selbst der Gastgeber ist.

Aufgaben-Management

Alles für Jesus

Wenn sich das schmutzige Geschirr neben dem Spülbecken türmt, zwei Ladungen Wäsche darauf warten, aufgehängt zu werden, ein Streit geschlichtet werden muss, ich auf dem Weg zu meinen schreienden Kindern sehe, dass die Blumen auf der Fensterbank schon ihre Köpfe hängen lassen und ich – mit Blick auf die Küchenuhr – feststelle, dass ich eigentlich längst am Kochen sein müsste; dann passiert es ganz schnell, dass ich mich dieser Flut an Aufgaben total unterlegen fühle und mir einfach nur wünsche, dem endlosen Alltagsstrudel irgendwie zu entkommen. Kennst du das auch? Dann brauchst du sicher auch dringend die Erinnerung daran, wem du eigentlich dienst. Nein, deine ellenlange To-do-Liste ist nicht dein Auftraggeber und auch das Chaos, das um dich herum nach Bewältigung schreit, ist nicht der Grund für dein Handeln.

Der Grund ist allein Jesus. Er hat dich an diesen Platz gestellt. Er hat dir diese Aufgaben zugeteilt. Er hat dir die Verantwortung für diese Menschen geschenkt. Und einzig für ihn bist du am Werk und erledigst das alles.

Dieses Wissen war für mich ein großer Schritt raus aus dem endlosen Grau in einen bunten und fröhlichen Alltag. Ich bin nicht auf mich allein gestellt und bin auch nicht zufällig hier an diesem Platz gelandet, sondern Gott hat mich ganz bewusst hier hingestellt. Diese Aufgabe hat er exakt auf mich zugeschnitten und er wird mir alles geben, was ich dafür brauche. Jeden noch so kleinen Handgriff darf ich ganz bewusst für ihn tun und ich werde einmal dafür von ihm belohnt.

»Bei allem, was ihr tut, arbeitet von Herzen, als würdet ihr dem Herrn dienen und nicht den Menschen! Ihr wisst ja, dass ihr vom Herrn mit dem himmlischen Erbe belohnt werdet. Ihr dient doch Christus, dem Herrn!« (Kolosser 3,23-24)
Jede Kleinigkeit darfst du von Herzen für Jesus tun und genau das ist es, was auch deinem Alltag Glanz und Adel verleiht und ihn von einem tristen Alltag in einen fröhlichen Gottesdienst verwandelt. Denn es geht eben nicht zuerst darum, dass du deine Aufgaben mög-

lichst gut bewältigst, sondern dass Christus in allem geehrt wird! Das wirft einen so anderen Blick auf den Alltag und verändert alle Prioritäten. Und plötzlich wird das wichtig, was ihm wichtig ist: Friede, Liebe und Harmonie. Nicht ein perfekt getakteter Tagesablauf und ein Haus wie aus dem Katalog.

Aber auch mit Jesus im Fokus sind da die täglichen Aufgaben, die erledigt werden wollen. Und manchmal kann es einen ganz schön mürbe machen, tagein, tagaus immer das Gleiche zu tun. Tisch decken, Tisch abräumen, Geschirrspüler einräumen, Geschirrspüler ausräumen, Wäsche aufhängen, Wäsche abnehmen … Ganz schnell schleicht sich ein gewisser Trott ein und wir verlieren die Freude. Deshalb teile ich mit dir ein paar Gedanken, die mir helfen, dass mein Alltag trotzdem fröhlich bleibt.

Tu deine Arbeit mit Freude

Klingt ziemlich banal, oder? Aber es ist so, wie ich es am Anfang schon geschrieben habe: Freude und Fröhlichkeit sind etwas, für das wir uns bewusst entscheiden können. Wir müssen nicht warten, bis sie zufällig um die Ecke kommen. Ich habe im Buch Prediger einen interessanten Vers entdeckt, der viel an meiner Haltung zu meinem Alltag verändert hat: *»So habe ich eingesehen, dass es nichts Besseres gibt, als dass der Mensch sich freut an seinem Tun, denn das ist sein Teil«* (Prediger 3,22).

Du darfst dich ganz einfach an deinem Alltag, an deinen täglichen Aufgaben freuen. Das ist dein Teil, den Gott für dich gedacht hat. Du bist gar nicht benachteiligt, weil in deinem Leben keine spektakulären Dinge passieren, die dir endlich einen Grund zur Freude bescheren. Gott hat vorgesehen, dass du dich über dein Tun freust. Und weißt du, was? Das hat er auch so gemacht. Nachdem er diese Welt erschaffen hat, hat er einen ganzen Tag Pause eingelegt, nur um sich an dem zu freuen, was er in den vergangenen Tagen geschafft hat.

Es hat meinen Alltag stark verändert, als ich mich darin geübt habe, mich an meinem Tun zu freuen. Über ein frisch gebackenes Brot, über die aufgeräumte Küche am Abend, über die flatternde Wäsche auf der Leine, über ein Blumenbeet, das ich vom Unkraut befreit habe. All das sind für mich nicht mehr nur abgehakte Punkte meiner To-do-

Pegs

Liste, sondern ich habe gelernt, mich von Herzen darüber zu freuen. Das macht meinen Tag viel bunter und fröhlicher. Deshalb mein Rat an dich: Tu deine Aufgaben mit Freude! Erledigt werden müssen sie so oder so. Warum also nicht mit einem fröhlichen Herzen? Und lerne es, dich wirklich über alles Erledigte zu freuen und dieser Freude im Dank an Gott Ausdruck zu verleihen. Denn wir verdanken ihm so viel. Ist er es nicht, der uns mit allem Nötigen versorgt, der die Kraft und Gesundheit gibt und uns all das schenkt, was wir im Leben manchmal als lästig empfinden? Sei es die Wäsche, das schmutzige Geschirr, die Krümel auf dem Boden und der Kinderlärm. All das sind doch eigentlich nur Beweise seiner Gnade und Liebe zu uns. Er beschenkt uns.

Dieses Bewusstsein kann deinen Blick auf das Alltägliche enorm verändern:

- Dein Zuhause ist nicht unordentlich, weil hier Kinder leben. – Wie schön: Hier leben Kinder und deshalb herrscht halt Chaos.
- Die Küche ist nicht chaotisch, weil wieder alle gegessen haben. – Wie schön: Alle sind satt geworden und deshalb ist das Geschirr eben jetzt schmutzig.
- Dein Kaffee ist nicht schon wieder kalt geworden, weil irgendjemand wieder etwas von dir wollte. – Wie schön: Du wirst gebraucht und deshalb wird dein Kaffee kalt.
- Da ist nicht schon wieder Schmiererei an der Fensterscheibe zu sehen, weil die Sonne hindurchscheint. – Wie schön: Die Sonne scheint und deshalb sieht man halt die Fingerabdrücke.
- Deine Nächte sind nicht kurz, weil du ein Baby versorgen musst. – Wie schön: Du hast ein Baby! Und deshalb kommst du halt gerade nicht so viel zum Schlafen.
- Dein Tag ist nicht lang, weil er vollgestopft mit Aufgaben ist. – Wie schön: Du hast Aufgaben und deshalb reicht die Zeit manchmal nicht ...

So vieles im Leben ist eine Frage der Perspektive. Und deshalb ist der richtige Blick auf unser Leben, unseren Alltag und unsere Berufung so entscheidend dafür, ob wir uns benachteiligt oder privilegiert fühlen. Ob wir uns freuen oder frustriert sind.

Du darfst dich freuen! Du bist gesegnet! Sieh deinen Alltag mit all seinen Herausforderungen und Aufgaben als ein Geschenk. Das wird dein Herz mit Freude füllen und aus deinem trüben Alltagsgrau ein tägliches Fest machen.

Oft erweist sie sich als nützlich, ohne sie würde ich mich wohl restlos verzetteln. Manchmal ist sie die unerbittliche Erinnerung daran, dass mein Tag mehr Aufgaben als Stunden hat, und nur selten erfülle ich all ihre Forderungen. Aber aus meinem Alltag ist sie nicht wegzudenken: meine To-do-Liste. Ich bin ein Mensch, der planvolles Vorgehen und Listen liebt. Auf Papier. Ich brauche einen Zettel, auf dem ich mit dem Kuli durchstreichen kann, was erledigt ist. Für mich fühlt es sich am Morgen gut an, erst einmal alles aufzuschreiben, was an diesem Tag erledigt werden muss. Dann fühle ich mich weniger gestresst, weil ich nicht ständig das Gefühl habe, etwas Wichtiges zu übersehen. Doch so nützlich mir dieser kleine Zettel auch ist, muss ich sehr aufpassen, dass er nicht zu einem erbarmungslosen Sklaventreiber mutiert, der mir jegliche Freude an meinem Alltag nimmt.

Denn es passiert schnell, dass der Fokus weg von meinen Lieben hin auf diesen ganzen Berg Aufgaben rutscht. Ich sehe, was ich alles nicht geschafft bekomme, und manchmal habe ich sogar das Gefühl, dass meine Kinder mir beim Erledigen der Aufgaben im Weg sind. Dabei vergesse ich, dass ich ohne meine Kinder viele dieser Aufgaben gar nicht hätte. Wenn ich keine Kinder zu Hause hätte, müsste ich nicht dreimal am Tag Krümel unter dem Tisch wegsaugen, beinahe jeden Abend das Fenster im Esszimmer putzen, weil der Kleine von dort so gerne in den Garten schaut. Und ich müsste auch keinen so großen Berg Wäsche bewältigen. Meine Familie ist der Grund für die meisten To-dos auf meiner Liste. Und deshalb sollte sie mir wichtiger sein als alles, was es zu erledigen gibt. Denn:

- Welchen Wert hat ein Topf Suppe, wenn niemand da ist, der sich daran satt isst?
- Was ist ein Schrank voll frischer, sauberer Kleidung wert, wenn da niemand ist, der sie trägt?
- Welchen Wert hat ein vorgelesenes Buch, wenn da niemand ist, der zuhört?
- Was ist ein aufgeräumtes, gemütliches Zuhause wert, wenn es niemand mit Lachen und Leben füllt?

So oft ertappe ich mich dabei, dass ich so sehr mit dem gewissenhaften Abarbeiten meiner To-do-Liste beschäftigt bin, dass ich dabei ganz die kleinen und großen Menschen übersehe, um derentwillen ich diese Aufgaben überhaupt erledige. Ja, dass ich sie sogar als

störend empfinde, weil sie mir dabei manchmal im Weg stehen. Und dabei vergesse ich ganz, dass erst sie es sind, die meiner Arbeit überhaupt den Wert geben.

Es ist so wichtig, dass wir bei all unserem Pflichtbewusstsein und Tatendrang nicht unsere Liebsten übersehen. Dass wir ihnen bewusst in die Augen sehen, ihnen zuhören und dafür auch mal eine Arbeit zur Seite legen. Dass wir nicht nur nebenbei für sie da sind, während sich all unsere Konzentration aufs Erledigen unserer Verpflichtungen beschränkt. Unsere Kinder sollen merken, dass unsere Aufmerksamkeit ihnen gilt und nicht unserer To-do-Liste. Sie sind wichtiger als eine abgehakte To-do-Liste. Denn wenn sie irgendwann groß sind, werden sie sich bestimmt nicht voll warmer Gefühle daran erinnern, wie gewissenhaft ihre Mutter ihren Verpflichtungen nachgekommen ist. Aber dass sie sich gesehen und geliebt wussten, das wird sich für alle Zeiten einprägen. Und das wird nicht vergessen werden.

Seit ich diesen Schalter in meinem Kopf umgelegt habe, habe ich viel seltener das Gefühl, dass ich meine Aufgaben nicht geschafft bekomme, weil mir meine Kinder im Weg sind. Ich versuche eher, mehr für meine Kinder da zu sein oder auch einfach mal was liegen zu lassen und dafür mit ihnen nach draußen zu gehen oder bei Regenwetter auf das Sofa gekuschelt ein Buch zu lesen. Ich merke, wie das, was mir wichtig ist, sich total verschoben hat. Ich habe nicht mehr den Druck, dass alles perfekt sein muss. Solange meine Kinder fröhlich sind und ich mit ihnen lachen kann, stören mich auch die Krümel auf dem Boden nicht. Aufgaben wird es immer geben, aber meine Kinder sind schneller groß, als es mir lieb ist. Die Zeit, in der sie klein sind, gibt es nur einmal, und die möchte ich nutzen, um mich an ihnen zu freuen und Erinnerungen zu schaffen. Das ist so viel mehr wert als ein perfektes Zuhause. Und bringt so viel Lachen, Fröhlichkeit und Liebe in meinen Alltag.

Beziehungsweise

Mit unserer Zeit richtig zu haushalten, ist oft gar nicht so leicht, weil es einfach so viel zu tun gibt und wir einen vollen Terminkalender haben. Schnell sind wir dann nur noch mit dem Abhaken von Aufgaben und Terminen beschäftigt und meinen, nur auf diese Weise wirklich etwas bewegt zu haben. Zeit mit Gott zu verbringen oder Beziehungen zu pflegen, sind die Dinge, die dann meist hintangestellt werden, weil wir ja so viel anderes zu erledigen haben und dafür einfach keine Zeit zu sein scheint.

Dass der Erfolg meines Tages in einem ganz engen Zusammenhang damit steht, wie sehr ich Jesus mit in diesen Tag einbeziehe, habe ich schon längst bemerkt. Es ist rechnerisch nicht erklärbar, aber aus Erfahrung weiß ich, dass die Zeit, die ich mit Gott verbringe, mir nachher nicht fehlt. Geradezu das Gegenteil ist der Fall: Wenn mir die Zeit mit Gott eine Priorität ist, schaffe ich oft mehr, als ich eigentlich vorhatte.

Aber auch an der Beziehung zu meinem Mann hängt viel mehr, als ich immer vermutet habe, und ich merke, wie viel mehr Geduld, Ausdauer und auch Erfolg ich an einem Tag habe, wenn ich mir bewusst Zeit mit meinem Mann nehme und meine Verpflichtungen hintanstelle, und wie viel mehr Freude selbst einfache Aufgaben machen, wenn unsere Ehe ein Miteinander ist und kein Nebeneinander.

Ich möchte dich dazu einladen, das auch mal auszuprobieren: deine Prioritäten zu verschieben und Gott und Menschen vor die Aufgaben zu stellen, die du erledigen musst. Schenk ihnen nicht nur die Zeit, die du am Ende noch übrig hast. Das Leben ist viel erfüllender, wenn wir für Menschen und nicht für Aufgaben leben. Denn wenn die Aufgaben sich eines Tages verflüchtigen, weil die Kinder keine Fenster mehr beschmieren und ihre Wäsche jetzt selbst waschen, weil wir für keine hungrige Meute mehr kochen müssen und der Boden auch nicht mehr so schnell schmutzig wird, dann kann das Leben plötzlich sehr leer sein, wenn wir nicht für Beziehungen, sondern für Aufgaben gelebt haben.

Do the Next Thing

Ich glaube, jede Mama kennt diese Tage, an denen man sich einfach total überwältigt von allem fühlt. Oder müde und unmotiviert ist. Oder beides. Man hat das Gefühl, dass an jeder Ecke eine andere Aufgabe danach schreit, endlich erledigt zu werden, und man weiß überhaupt nicht, wo man anfangen soll. Also fängt man halt manchmal einfach gar nicht an, oder? An solchen Tagen möchte ich mich am liebsten im Bett verkrümeln, mir die Decke über den Kopf ziehen und darüber nachdenken, was für ein armer Mensch ich doch bin … Aber das geht natürlich nicht. Und da hilft mir eine simple Weisheit von Elisabeth

Elliot, die lautet: »Do the next thing!« Mach einfach das, was als Nächstes dran ist. Denk nicht an das Übernächste und das, was danach noch gemacht werden muss. Mach eins nach dem andern.

Elisabeth Elliot war eine Frau, deren Leben ganz sicher nicht nur von Sonnenschein geprägt war. Doch diese einfache Einsicht half ihr, nicht in Traurigkeit und Schwermut zu versinken, und sie kann auch uns im Alltag helfen, wenn wir das Gefühl haben, dass uns gerade einfach alles zu viel ist. Eins nach dem andern, immer ein kleines Stück weiter. Ich wundere mich jedes Mal, wie einfach und doch so effektiv diese Arbeitsweise ist. Denn am Ende ist es oft gar nicht so viel, wie es sich am Anfang angefühlt hat.

Ein Berg wird nicht in einem großen Schritt erklommen und ein Loch nicht mit einem einzigen Spatenhieb ausgehoben. So darfst du auch auf deinen Alltag sehen. Es sind die vielen kleinen Schritte, die dich zum Ziel bringen, und es reicht, wenn du nur bis zum nächsten Schritt schaust.

Unplanmässiges

So viel hatte ich mir für heute vorgenommen. So viel wollte ich heute schaffen und am Nachmittag hatte ich auch noch eine Freundin mit ihren Kindern zum Kaffee eingeladen. Der Tag hätte so perfekt werden können, wenn nicht mein Kleiner morgens mit Fieber und erkältet aufgestanden wäre. Wieder einmal. In diesem Winter nimmt es damit gefühlt kein Ende. Ich finde, dass wir langsam wirklich oft genug krank gewesen sind. Nun kann ich wieder alle meine so schön durchdachten Pläne über den Haufen werfen und einfach nur ein krankes Kind versorgen …

Wenn der Alltag so ganz anders als geplant verläuft, kann das ganz schnell Frust und Unzufriedenheit bei mir auslösen. Ich bin dann genervt, dass mein schöner Plan für diesen Tag schon wieder nicht aufgegangen ist und alles so ganz anders aussieht, als es sich nach meiner Vorstellung darstellen sollte. Dabei vergesse ich, dass mein Tag nie unplanmäßig verläuft, sondern sich lediglich nicht immer an meinen Plan hält. Aber Gottes Plan kommt immer zum Ziel und er weiß viel besser als ich, was für diesen Tag wichtig und richtig ist. Er weiß, welche angeblich so wichtigen Aufgaben wirklich wichtig sind. Er weiß, wofür ich tatsächlich Zeit brauche. Und die werde ich auch haben.

Manchmal sind es Kopfschmerzen oder erkältete Kinder, die dafür sorgen, dass ich den einen oder anderen Termin aus meinem vollen Kalender streichen muss, um mein Leben ein bisschen zu entschleunigen und zur Ruhe zu kommen. Im ersten Moment passt mir das zwar gar nicht, aber ich merke schnell, dass das, was mich erst mal ärgert, nachher doch ein Segen für mich ist. Und dass Gott genau weiß, wann ich mal eine Pause brauche, und dann schon dafür sorgt, dass ich diese auch bekomme, auch wenn ich selbst noch gar nicht so realisiert habe, wie bitter nötig ich diese gerade habe. Natürlich ist es nicht schön, wenn wegen Krankheit ein Besuch abgesagt werden muss, auf den ich mich schon so lange freue, wenn der Ausflug mit den Kindern nicht stattfinden kann oder ich sogar einen Vortrag absagen muss. Aber es ist so wundervoll zu wissen, dass hinter dem allen Gottes planvolles Handeln steht, ganz egal, wie schief es gerade zu laufen scheint.

Zu wissen, dass nichts Schlimmes in meinem Leben passiert, nur weil es gerade anders als geplant läuft, gibt mir so viel Frieden in mein Herz. Alles hat einen Sinn und dient dem Ziel, das Gott mit mir hat. Ich wünsche mir, dass wir das immer im Blick haben, du und ich. Denn dann können wir einfach aus allem das Beste machen, auch dann, wenn Unplanmäßiges in unserem Alltag geschieht. Dann können wir uns trotzdem freuen, anstatt uns über die Hindernisse zu ärgern und krampfhaft und schlecht gelaunt zu versuchen, unser Ziel für diesen Tag doch noch irgendwie zu erreichen.

Ein Satz, den Elisabeth Elliot in ihren Vorträgen immer wiederholte, lautet: »In acceptance lieth peace.« Das bedeutet: Frieden finden wir, wenn wir die Umstände unseres Lebens akzeptieren und sie aus Gottes Hand annehmen. Denn Gott weiß, was gut für uns ist, und er verliert nie die Kontrolle. Dieser Friede möchte unseren Alltag, der oft aus durchkreuzten Plänen und Unvorhergesehenem besteht, durchziehen und uns trotz allem ein fröhliches Herz schenken, weil wir uns bewusst sind, dass Gottes Pläne sowieso die besten sind.

Freu dich

Sieh die kleinen Freuden

Schon als unsere Jungs noch klein waren, hatten wir feste Gewohnheiten in unserer Familie. Und von einer ganz besonderen möchte ich dir jetzt erzählen: Wir sammeln vor dem gemeinsamen Abendgebet »kleine Freuden«. Jeder darf sagen, worüber er sich an diesem Tag besonders gefreut hat, und Jesus dafür danken. Ich finde diese Übung ganz gut und kann es jedem nur empfehlen, sie für sich persönlich in seinen Alltag zu integrieren, und das nicht nur abends. Dahinter steckt der folgende Gedanke: So oft warten wir und unsere Kinder auf eine »große Freude«, wie zum Beispiel auf den Geburtstag, ein neues Fahrrad oder den Sommerurlaub. Und dann versäumen wir es, die kleinen Freuden zu sehen, sie wahrzunehmen und uns darüber zu freuen. Manchmal ist es wirklich erstaunlich, was uns alles zum Danken einfällt, wenn wir nur mal anfangen, uns darüber Gedanken zu machen. Sollte sich unsere »große Freude« dann wider Erwarten verschieben oder gar in Luft auflösen, haben wir doch wenigstens all die kleinen Freuden gehabt, die wir sonst ganz und gar übersehen hätten.

Es bringt so viel mehr Dankbarkeit und Fröhlichkeit in den Alltag, wenn wir unseren Blick bewusst für die kleinen Freuden schärfen. Für Dinge, die uns ganz selbstverständlich erscheinen und die wir darum gar nicht wirklich wahrnehmen: der schöne Schmetterling, der auf dem Fensterbrett sitzt. Der flaumig weiche Babykopf. Die blitzenden Augen meiner kleinen Tochter. Der Duft von frischem Brot und sauberer Wäsche. Die ersten Gänseblümchen auf der Wiese. Das Glitzern der Regentropfen in dem Spinnennetz vor unserem Fenster. Die frische Morgenluft und das Morgenlied der Vögel. Die Abendsonne, die alles in Gold taucht.

All das dürfen wir bewusst wahrnehmen und uns von Herzen darüber freuen. Aber leider sind wir oft so beschäftigt, dass wir all die kleinen wundervollen Dinge, mit denen Gott uns den Tag verschönert, überhaupt nicht wahrnehmen. Deshalb sollten wir uns darin üben, das zu sehen, wofür wir dankbar sein und worüber wir uns freuen können.

Ich glaube, es ist so etwas wie eine Lebenskunst, das Schöne im Alltäglichen zu finden und sich von Herzen darüber zu freuen. Es bewusst wahrzunehmen, zu feiern und den Alltag so zu einem Fest zu machen. Das füllt das Leben mit Farbe und Fröhlichkeit und das Herz mit Freude und Dankbarkeit.

Kleine Freuden feiern

Ich erinnere mich noch sehr gut daran, als unsere Tochter mitten in der Woche ziemlich überraschend ihren ersten Zahn verlor. Plötzlich war da eine Zahnlücke und damit fing ein ganz neuer Lebensabschnitt an. Irgendwie besonders, irgendwie aber auch nicht, wenn man schon Kinder hat, denen die Milchzähne ausgefallen sind. Und auch mir war in diesem Moment eigentlich ziemlich danach, die neue Zahnlücke kurz zu würdigen und dann ganz normal wie geplant mit meinem Alltag fortzufahren. Hätte ich machen können. Und ganz sicher hätte auch niemand etwas vermisst. Aber zum Glück habe ich ja schon ein wenig Übung darin, immer einen Anlass für eine Feier zu finden, sodass ich auch in dieser Situation recht schnell geschaltet habe. Die erste Zahnlücke! Klar ist das ein Grund zum Feiern, oder? Also habe ich kurzerhand die – für solche Zwecke in der Kühltruhe lagernden – Miniberliner und Amerikaner aufgetaut, den Tisch gedeckt, ein paar Luftschlangen und Konfetti zwischen den Tellern verteilt, eine Kerze auf einem der Teilchen angezündet und die ganze Familie zu einem »Erste-Zahnlücke-Fest« zusammengetrommelt. Auf diese Weise wurde aus einer kleinen Sache, die sonst einfach nebenbei passiert wäre, etwas Besonderes: Wir haben ein bisschen gefeiert, Erinnerungen geschaffen, den Alltag zu einem Fest gemacht. Das ganze Spektakel dauerte auch keine Viertelstunde, dann war der Kuchen verzehrt und die Kinder wieder in ihren Zimmern verschwunden. Für lange Feiern fehlt ihnen nämlich die Geduld. Es war nichts Großes, nichts Aufwendiges, nichts, was sehr viel Zeit beanspruchte. Aber es war etwas Besonderes und hat unseren Alltag in Farbe getaucht.

Genau das meine ich, wenn ich dich dazu einlade, die kleinen Freuden in deinem Alltag bewusst wahrzunehmen und zu feiern. Dazu brauchst du kein Extrabudget an Zeit und Geld. Nur Liebe, Kreativität und den richtigen Blick. Und es gibt so viel, was wir feiern können: der erste Urlaubstag von Papa; die geschaffte Klassenarbeit; der erste richtig warme Tag im Frühling; der erste Schnee. Wenn

dann auch noch der Bus nicht fährt, wird das natürlich besonders gefeiert. Und so eine Feier ist dann auch nicht besonders aufwendig. Es gibt lediglich ein Lieblingsessen oder Waffeln mit Eis, dazu ein paar Kerzen und der Tisch wird ein bisschen festlicher gedeckt als sonst. Und schon hat man mitten im Alltag ein kleines Fest gefeiert, mit dem man Wertschätzung ausdrückt, Erinnerungen schafft und Freude verbreitet.

Wenn das Wochenende bevorsteht, wird das bei uns in der Regel auch gefeiert. Am Freitagabend räumen alle mehr oder weniger alles auf, auf den Esstisch kommt eine Decke und schon ist die Stimmung ein bisschen feierlicher als in der Woche. Dadurch haben wir Vorfreude auf das vor uns liegende Wochenende erzeugt, auf die Zeit, die wir als Familie zusammen haben, auf ausgiebige Mahlzeiten und gemeinsame Erlebnisse. Es ist nur eine Tischdecke, ein kleines Zeichen, das nichts kostet. Aber es sagt so viel aus.

Am letzten Schultag vor den Ferien wird bei uns traditionell eine Wimpelkette aufgehängt, auf der in großen Buchstaben FERIEN steht. Diese Wimpelkette haben unsere Tochter und ich vor Jahren einmal spontan gebastelt, einfach weil wir uns an diesem Vormittag so sehr darüber gefreut haben, dass die großen Brüder mittags nach Hause kommen und endlich Ferien sind. Zeit zum gemeinsamen Spielen, Lachen und Beisammensein. Seitdem wird sie jedes Mal sorgfältig in den Schrank gepackt, bis wieder einmal Ferien anstehen. Dann wird sie feierlich aufgehängt und alle freuen sich darüber. Eine kleine Sache, die aber einen großen Unterschied macht.

Überhaupt sind kleine Familientraditionen etwas, das nicht nur unseren Alltag, sondern auch unser Familienleben reich macht. Die Kinder lieben diese kleinen, sich immer wiederholenden Gewohnheiten. Für uns scheinen sie oft nebensächlich, doch Kinder nehmen sie viel bewusster wahr, denn sie geben ihnen das Gefühl von Sicherheit, Geborgenheit und Zugehörigkeit. Das merkt man vor allem dann, wenn man eine Gewohnheit einfach mal ausfallen lässt, weil man gerade keine Lust dazu hat oder zu beschäftigt ist. Die Kinder merken es direkt: »Warum gibt es heute kein Rührei zum Frühstück? Es ist doch Samstag.« Und das zeigt, dass ihnen gerade diese Kleinigkeiten, die sich in schöner Regelmäßigkeit wiederholen, etwas bedeuten, dass sie wichtig und wertvoll sind. Deshalb lohnt es sich wirklich, kreativ zu werden. Überleg doch mal, welche kleinen Traditionen zu deiner Familie passen.

Neben dem Ferienwimpel zum Beginn der Ferien gibt es bei uns auch schon seit Jahren das traditionelle Ferienabschlussfrühstück beim Bäcker. Auch das ist immer wieder ein Highlight, wenn wir als ganze Familie das letzte Frühstück der Ferien, wenn es sich eben einrichten lässt, auswärts genießen. Vielleicht denkst du jetzt, beim Bäcker zu frühstücken, ist doch gar nichts Besonderes? Ist es auch nicht, wenn man es ständig macht. Und ich glaube, das ist auch ein Grund, warum uns im Alltag viele kleine Freuden verloren gehen. Weil wir immer alles zu jeder Zeit verfügbar haben.

Deshalb ist ein weiterer Schlüssel für mehr Freude im Alltag ein sehr bewusster Umgang mit unseren Möglichkeiten. Wir sollten wissen, dass, auch wenn uns alles zu jeder Zeit möglich ist, wir es trotzdem nicht wie selbstverständlich auch umsetzen müssen. Wenn wir zum Beispiel unsere Kinder jedes Wochenende in einen Freizeitpark schleppen würden, wäre so ein Ausflug für sie überhaupt nichts Besonderes mehr. Im Gegenteil, sie würden vermutlich sogar unzufrieden sein, wenn wir an einem Wochenende mal nichts unternehmen würden oder es einmal einen nicht ganz so spektakulären Ausflug gäbe. Das mag jetzt ein extremes Beispiel sein, aber das Prinzip lässt sich auch auf viele kleine Alltäglichkeiten herunterbrechen. Müssen wir zum Beispiel unseren Kindern jeden Tag einen Schokoaufstrich anbieten? Gesund ist er nicht und das Glas ist auch schneller leer, als uns lieb ist. Seit ich irgendwann beschlossen habe, dass Schokoaufstrich ein Highlight für das Wochenende wird, ist er plötzlich wieder etwas Besonderes, auf das man sich freut und das bewusst und dankbar von den Kindern wahrgenommen wird. Das war vorher nicht der Fall gewesen. So ist es mit vielen kleinen und großen Dingen in unserem Alltag, die einfach immer verfügbar sind. Sie verlieren ihren Wert und wir verlieren die Freude daran. Sie bereichern nicht unser Leben, sondern machen uns eigentlich ärmer.

Die ganzen Jahrhunderte der Menschheitsgeschichte hindurch war es vollkommen normal, dass Genuss abhängig von der Saison war. Dass es Fleisch nur gab, wenn endlich einmal wieder geschlachtet wurde, frisches Gemüse und Obst zum Sommer gehörten und auf ein neues Kleid lange hingespart und -gearbeitet werden musste. Auf den ersten Blick sieht es so aus, als wären wir heute um einiges besser dran. Wenn wir Hunger auf ein Steak haben, gehen wir zum Metzger. Im tiefsten Winter essen wir Bananen, Avocado und Orangen, die bei uns nicht mal im Sommer gedeihen würden. Und wenn wir Lust auf ein neues Kleid haben, klicken wir uns durchs Netz und am nächsten Tag wird es uns an die Haustür gebracht. Das ist wohl genau die Vorstellung, die die Menschen damals vom Schlaraffenland hatten. Doch hat dieser ganze Wohlstand all den Dingen vollkommen ihren Wert genommen. Weder ein Steak noch die Bananen von unserem Wocheneinkauf bewirken in uns auch nur einen Funken Freude und Dankbarkeit. Einfach weil es so selbstverständlich geworden ist. Da ist nichts mehr von der überschwänglichen Freude und Feierstimmung an einem Schlachttag, wenn es nach Wochen endlich noch mal einen saftigen Braten gibt. Da sind keine Glücksgefühle beim Genießen der ersten frischen Salatblättchen für dieses Frühjahr oder beim Knabbern der ersten knackigen Möhren aus dem Garten. Da ist keine lange Vorfreude auf das neue Kleidungsstück, das immer ein Stückchen weitergewebt, -genäht, -bestickt wird, bis es nach wochenlanger Arbeit dann endlich fertig ist.

Der vermeintliche Reichtum unserer Zeit hat uns eigentlich ärmer gemacht. Ärmer an Freude, Glück und Dankbarkeit. An all dem, was Farbe und kleine Freuden in unseren Alltag bringt.

Wir haben jedoch die Möglichkeit, uns diese kleinen Freuden wieder ein bisschen in unseren Alltag zurückzuholen, indem wir Dinge, die zwar jederzeit verfügbar sind, für uns bewusst limitieren. Und sie so wieder zu etwas Besonderem machen.

Es klingt vielleicht ein bisschen revolutionär, aber warum stellen wir drei Mal täglich Fleisch oder Wurst aus dem Discounter auf den Tisch? Wir könnten uns stattdessen dazu entscheiden, seltener diese Gaumenfreude zu genießen, und dabei aber auf Qualität achten. Damit tun wir nebenbei sogar noch der Gesundheit unserer Familie und der Tierwelt etwas Gutes. Natürlich kann es sein, dass ein reduziertes Angebot von deiner Familie nicht mit großer Freude aufgenommen wird. Schließlich verzichtet ihr ja ganz bewusst auf etwas. Doch mit der Zeit wirst du merken, dass du den Dingen damit ihren Wert zurückgibst und du wieder mehr Freude und Dankbarkeit in euren Familienalltag holst.

Weißt du, wie sehr wir das jedes Jahr feiern, wenn es endlich die ersten deutschen Erdbeeren an den Straßenständen gibt und damit die Erdbeersaison eröffnet ist? Der erste Obstsalat im Jahr mit Erdbeeren drin schmeckt einfach wundervoll. Das liegt daran, dass es bei uns Erdbeeren nur in der Erdbeerzeit gibt. Und deshalb sind sie wertvoll und besonders. So ist es mit vielen Kleinigkeiten, die uns das ganze Jahr über zur Verfügung stehen. Wir haben die Freiheit, ihren Konsum zu beschränken und sie dadurch wieder zu etwas Besonderem und Wertvollem zu machen.

Freu dich an deinen Kindern

Ich bin mal wieder zu spät dran. Das Mittagessen müsste eigentlich schon fertig sein und ich fange gerade erst mit dem Kochen an. Eilig suche ich in meiner kleinen Küche alles zusammen, was ich für diese Mahlzeit brauche, und stolpere dabei die halbe Zeit über den kleinen Knirps, der immer so gern in meiner Nähe sein will. In dieser engen Küche hat er aber keine andere Chance, als mitten im Weg herumzustehen. Ich bin genervt. Vom Zeitdruck, vom wenigen Platz, von dem Knirps. Sosehr ich unser Zuhause auch liebe – diese Küche lehrt mich doch regelmäßig Geduld, weil sie eigentlich nur einer Person ausreichend Platz zum Hantieren bietet. Ich merke, wie in mir der Frust aufkommt. Wegen dieses kleinen Mannes, der doch einfach nur bei mir sein möchte. Kurz bevor mir der Geduldsfaden reißt, halte ich inne, schaue ihn an und entscheide mich, dass ich mich über ihn freuen möchte. Darüber, dass es ihn gibt, dass er hier bei mir ist und sich so gern in meiner Nähe aufhält. Ich heb ihn hoch, drück ihn einmal fest und stelle seinen Aussichtspunkt »Hocker« an eine Stelle, wo er nicht ganz so oft im Weg ist. Gerade noch mal gut gegangen.

So oft gerate ich im Alltag in Situationen, in denen ich das Gefühl habe, meine Kinder sind mir im Weg. Sie stören. Wenn ich diese Situationen jedoch nüchtern betrachte, dann sind es meistens nicht meine Kinder, die mich in Stress versetzen, sondern eher ich selbst, weil ich zu spät dran bin, irgendetwas nicht klappt oder ich mit meinen Gedanken gerade woanders bin. Dass meine Kinder genau in diesen Momenten im Weg stehen oder etwas von mir wissen wollen, bringt nur das Fass zum Überlaufen. Doch ich gebe wie selbstverständlich meinen Kindern die Schuld für meine Ungeduld. Zuerst in meinen Gedanken und wenn ich nicht rechtzeitig die Kurve bekomme, auch mit meinen Worten. Das ist ungerecht.

Vielleicht kommt dir das auch bekannt vor und deshalb ist es so wichtig zu verstehen, dass diese Ungeduld und Ungerechtigkeit uns den Alltag ganz schön versauert und auch das Zusammensein mit unseren Kindern zu einer Last macht. Doch das muss nicht sein. Denn

auch hier dürfen wir lernen umzudenken. Die Tatsache, dass wir unsere Kinder als störend empfinden, zeigt eigentlich nur, dass wir die Prioritäten verschoben haben, dass wir unsere Aufgaben, unsere Gedankengänge, vielleicht sogar unser Smartphone wichtiger nehmen als unsere Kinder. Deshalb möchte ich dich einladen: Entscheide dich dafür, dich über deine Kinder zu freuen! Lass sie das Wichtigste in deinem Alltag sein. Denn für wen würdest du überhaupt all diese ach so wichtigen Dinge erledigen, wenn deine Kinder nicht wären? Wer würde dein – schon wieder verspätetes – Mittagessen essen und die Wäsche schmutzig machen, die du anschließend wieder waschen kannst?

So versuche ich mir immer bewusst kleine Alltagspausen einzubauen, um mit ihnen zusammen zu sein. Gerne machen wir am Nachmittag eine kleine Teerunde. Oder wir spielen ein Spiel. Bei trübem Wetter kuscheln wir uns aufs Sofa und ich lese etwas vor. Vielleicht eine halbe Stunde, dann geht's mit der Arbeit weiter. Und auch dabei versuche ich immer wieder, die Kinder mitzunehmen. Auch wenn es dann vielleicht nicht so schnell und effektiv geht. Dafür haben wir es zusammen gemacht und den Kids bedeutet es unglaublich viel, wenn sie mithelfen und dabei sein dürfen. Außerdem sind gerade die Kleinen – meiner Erfahrung nach – dann viel ausgeglichener. Noch dazu haben sie in der Zeit, in der sie mit mir die Mülltonne an die Straße schieben, die Wäsche zusammenfalten oder die Blumen gießen, nicht mehr so viel Kapazität zum Streiten. Natürlich dauert dann alles länger und es ist nichts mehr mal so eben erledigt. Deshalb braucht es immer wieder eine bewusste Entscheidung dazu. Aber ich merke, wie gut es nicht nur meinen Kindern tut, sondern auch mir.

Ich möchte dich wirklich dazu ermutigen, diese Zeit zu genießen. Diese Zeit, in der du gefühlt den ganzen Tag über kleine Wuselköpfe stolperst oder irgendjemand an deinem Rockzipfel hängt. Diese Zeit, in der du das Wort »Maaaamaaa« fast genauso oft hörst, wie du Luft holst, und das Chaos schneller wächst, als du aufräumen kannst. Denn eines Tages wird genau das die »gute alte Zeit« sein. Die Zeit, die du dir zurückwünschst, die viel zu schnell vorbei war. Die Zeit, die nie mehr wiederkommt. Denn irgendwann wird es ganz still um dich sein. Und ordentlich. Dann wirst du vielleicht an genau diese Zeit zurückdenken und dir wünschen, sie wäre nicht so schnell an dir vorbeigeflogen.

Ja, die Tage sind lang, aber die Jahre sind kurz. Deshalb genieße diese Zeit, bevor sie nur noch Erinnerung ist.

Und schenk deinen Kindern ein Lächeln, wann immer du ihnen begegnest. Denn unser Lächeln schickt unseren Kindern eine so wichtige Botschaft: »Du bist mir wichtig, du bist geliebt, ich freue mich über dich!« Unsere Kinder brauchen eine Mama, die lächelt. Nicht eine perfekte, unfehlbare Mama, aber eine, deren Gesicht aufleuchtet, wenn sie ihre Kinder sieht. Unser Lächeln schenkt Wärme und Geborgenheit, Annahme und Wertschätzung. Und es kostet nichts!

Leider geht mir das Lächeln im Alltag so schnell verloren und ich werfe meinen Kindern genervte oder gestresste Blicke zu, wenn sie in meine Nähe kommen. Und auch die haben eine starke Aussage: »Du störst, du bist im Weg, meine Arbeit ist jetzt wichtiger als du.« Natürlich würden wir so etwas nicht sagen, aber ein Blick sagt mehr als tausend Worte. Anderen ein Lächeln zu schenken, kostet uns keine Zeit. Doch es hat auf die Herzen unserer Kinder einen großen Einfluss. Und auch ein Lächeln ist eine Entscheidung! Warte nicht auf erholsame Nächte, Wochenenden oder Geburtstage ... Fang heute an! Denn auch ein müdes Lächeln ist ein Lächeln.

Zuhause – deine kleine Welt

Ich mach mir die Welt, wie sie mir gefällt …

Wünschst du dir auch manchmal, deine Kinder würden in einer anderen Welt groß werden? In einer sichereren, friedlicheren und unbeschwerteren Welt? In einer Welt ohne Streit und Geschrei, ohne Existenzängste und Zukunftssorgen? Ohne Epidemien und ohne Kriege? In einer heilen Welt?

Ich glaube, wir alle wünschen das unseren Kindern, liegt es doch in unserer Mama-Natur, dass wir unsere Kinder vor all dem Elend dieser Welt beschützen möchten. Doch diese Welt ist nicht heil. Das ist nichts Neues, denn das war sie noch nie. Nicht vor dreißig und nicht vor dreihundert Jahren. Auch wenn so oft die »gute alte Zeit« als so schön und sonnig dargestellt wird, war sie es nicht. Leid, Krankheiten, Kriege und den Tod gab es schon immer. Diese Welt ist kaputt, weil der Fürst dieser Welt ein Zerstörer ist. Ein Menschenmörder von Anfang an, wie die Bibel sagt. Auch wenn sich das zu unterschiedlichen Zeiten an unterschiedlichen Orten sehr verschieden äußert.

Diese Welt ist nicht heil. Und wir werden sie auch nicht heilen können. Aber ich habe eine gute Nachricht für dich: Du und ich, wir haben von Gott diese einmalige Gelegenheit bekommen, in unserem Zuhause eine kleine heile Welt zu schaffen. Einen Ort der Ruhe und Geborgenheit. Einen Ort zum Auftanken und Kräftesammeln. Einen Ort, an dem Kinder gut gedeihen können, weil Gottes Frieden hier regiert und seine Liebe durch uns strahlt und die Herzen unserer Kinder erwärmt.

Ich möchte dich ermutigen, diese Aufgabe ernst zu nehmen. Und deine ganze Liebe und dein ganzes Herz zu investieren. Du wirst diese Welt nicht verändern können. Aber du hast großen Einfluss auf deine kleine Welt, dein Zuhause, ob es ein Ort des Segens und Gedeihens ist oder ob er von Unsicherheit, Unfrieden und Lieblosigkeit geprägt ist.

Homemaking. Leider gibt es für dieses wundervolle Wort keine passende deutsche Übersetzung. Denn Homemaking ist so viel mehr, als nur den Haushalt zu führen. Homemaking bedeutet, ein Zuhause zu schaffen, einen Ort der Geborgenheit und Vertrautheit, der einlädt zum Verweilen und an dem sich jeder wohlfühlt. Nicht weil es dort perfekt aufgeräumt und sauber ist, sondern weil dort Herzlichkeit und Liebe in der Luft liegen. Vielleicht ist mit diesem Begriff die Häuslichkeit gemeint, zu der Frauen in Titus 2,5 aufgefordert werden. Für eine Frau, die häuslich ist, sind die Dinge, die mit ihrem Zuhause verbunden sind, kein lästiger Job mit Aufgaben, die mehr schlecht als recht erledigt werden, damit sie eben gemacht sind. Sondern ihr Zuhause ist ihr Herzensding und alles, was damit zusammenhängt, sieht sie als ihre Berufung, der sie fröhlich und bestmöglich nachkommt. Ich glaube, das ist Homemaking: wenn wir unser Zuhause zu unserem Herzensding machen und uns ganz in unser Heim investieren.

Homemaking ist eine Kunst. Auch wenn jeder Künstler einen anderen Stil hat und sich ihre Kunstwerke extrem voneinander unterscheiden können, so haben sie doch alle eins gemeinsam: die Leidenschaft für das, was sie tun. Dass sie mit Herzblut bei der Sache sind. Und genau diese Hingabe darf auch unser tägliches Tun prägen. Wir dürfen mit ganzem Herzen bei der Sache sein, wenn es darum geht, ein Zuhause zu schaffen. Denn damit tragen wir dazu bei, diese Welt ein Stückchen besser zu machen. Mit jedem Haus, das in ein warmes, liebevolles Heim verwandelt wird, wird es auf dieser Welt ein kleines bisschen wärmer und heller.

Wo der Friede wohnt

In einer Zeit, die gefüllt ist mit Unruhe und Ungewissheit, wünschen wir uns alle nur eins: Frieden. Gerade im Moment ist das Thema gegenwärtiger denn je, weil uns plötzlich bewusst wird, dass der für uns so selbstverständliche Frieden gar kein sicheres Gut ist. Auch wenn wir auf große Ereignisse wenig Einfluss haben, so sind wir doch verantwortlich dafür, wie viel Frieden oder Unfrieden in unserer kleinen Welt, unserem Zuhause herrscht.

Und das hängt vor allem davon ab, was uns wirklich wichtig ist, was unsere Herzen regiert. Ich denke da an den Vers aus Hebräer 12,14: »Jagt nach dem Frieden mit jedermann …« Ganz ehrlich, wie viel ist uns der Friede wert? Setzen wir nicht oft den Frieden leichtfertig aufs Spiel, weil uns irgendetwas nicht in den Kram passt oder wir uns über etwas ärgern, anstatt dass wir dem Frieden nachjagen? Sei es die Unordnung, irgendeine Unpässlichkeit oder dass wir wieder einmal zu spät losgekommen sind. Natürlich ist das alles ärgerlich, aber ist es das wert, deswegen so ein kostbares Gut wie den Frieden zu verlieren? Und, ganz ehrlich, ändert sich eigentlich an der Situation irgendetwas, wenn ich den Frieden deshalb aufs Spiel setze?

Ja, der Friede ist ein sehr scheuer Geselle. Er verschwindet ganz schnell und unauffällig, wenn ihm eine Situation zu brenzlig ist. Und genau deshalb steht in diesem Vers auch nicht: »Passt auf, dass ihr den Frieden nicht verjagt.« Sondern: »Jagt dem Frieden nach.« Frieden zu halten, ist kein Spaziergang. Frieden zu halten, kostet Anstrengung und Kraft; und Frieden werden wir nur haben, wenn wir bereit sind, ihm nachzujagen. Und dafür andere Dinge liegen zu lassen.

Ich ertappe mich so oft dabei, dass es manchmal nur Banalitäten sind, für die ich leichtfertig den Frieden in unserem Zuhause aufs Spiel setze. Dann frage ich mich, ob ich über meine Prioritäten nachdenken muss und mir der Wille Gottes wirklich wichtiger ist als alles andere. Ich will meinen Blick täglich auf Gott ausrichten und mir von ihm zeigen lassen, was wirklich zählt. Denn wenn ich in diesem Bewusstsein durch den Tag gehe, dann wird es mir auch nicht mehr so schwerfallen, manches um des Friedens willen hinzunehmen, das mir eigentlich nicht passt. Weil ich verstanden habe, wie wertvoll Frieden ist.

Unser Zuhause soll ein Ort sein, wo der Friede regiert. Klingt das nicht wundervoll harmonisch und schön? Die bittere Wahrheit ist nur die: Regieren kann immer nur einer. Entweder der Friede oder ich selbst mit meinen Wünschen und Vorstellungen davon, wie es zu laufen und zu funktionieren hat. Wenn der Friede bei uns zu Hause regiert, dann heißt das nichts anderes, als dass ich meine Wünsche und Vorstellungen ihm unterordnen muss. Dann muss ich mein Tun und Reden danach ausrichten, ob es dem Frieden dient. Das ist manchmal gar nicht so einfach. Dann kann es sein, dass ich etwas hinnehme, das ich mir eigentlich anders wünsche, und mich nicht darüber ärgere. Das heißt auch mal, meinen Frust herunterzuschlucken, oder noch besser: ihn bei Jesus abzuladen, anstatt ihn lautstark an meiner Familie auszulassen, auch wenn ich meine, ich hätte gerade ein Recht darauf. Wenn ich das tue, nehme ich den Frieden wichtiger als alle meine Befindlichkeiten. Bin ich dazu bereit?

Ordnungsliebe

In der Bibel können wir auch einen Hinweis dazu finden, wie ein friedvolles Zuhause ganz praktisch aussieht: »Denn Gott ist nicht ein Gott der Unordnung, sondern des Friedens« (1. Korinther 14,33). Ich finde es sehr interessant, dass für Gott das Gegenteil von Frieden nicht Unfrieden, sondern Unordnung ist. Und das ergibt auch durchaus Sinn, denn Unordnung ist ein wirklich guter Nährboden für Unfrieden.

Ich weiß nicht, wie es dir geht, wenn du in einen Raum kommst, wo alles verstreut auf dem Boden liegt, sich die Schmutzwäsche in der Ecke türmt und es ein bisschen nach alten Socken riecht. Mich fordert ein solches Zimmer ziemlich heraus und ich empfinde die Atmosphäre dort nicht als besonders friedlich. Ein Raum, in dem es sauber und aufgeräumt ist, in dem Ordnung herrscht und vielleicht sogar noch ein Blumenduft durchs Zimmer weht, strahlt für mich Ruhe und Frieden aus. Das ist zwar ziemlich simpel, doch ich finde, auch das trägt dazu bei, ein friedvolles Zuhause zu schaffen, denn in einer aufgeräumten Umgebung sind alle – meiner Erfahrung nach – nicht so anfällig für Unfrieden und Stress.

Deshalb möchte ich dich dazu ermutigen, auch ganz praktisch für eine friedvolle Atmosphäre in deiner kleinen Welt zu sorgen. Doch das muss nicht so aufwendig sein, wie es sich vielleicht für dich anhört. Denn Ordnung ist in der Regel nichts, was man schafft, sondern etwas, was man hält. Natürlich gibt es immer mal Situationen, in denen das gerade nicht möglich ist, zum Beispiel wenn ich nach ein paar Migränetagen endlich schmerzfrei aus dem Bett krieche. Aber in der Regel ist es leichter, Ordnung zu halten, anstatt sie immer wieder neu zu schaffen.

Das braucht einfach nur etwas Übung, Routine und auch Disziplin und fängt bei mir selbst an. Nämlich indem ich mir Routinen schaffe und mich dann konsequent daran halte, unabhängig davon, ob mir gerade danach ist oder nicht. Ich habe festgestellt, dass ich viel zu oft darüber nachdenke, ob ich mich gerade danach fühle, eine bestimmte Aufgabe anzugehen, anstatt sie einfach zu erledigen. Natürlich fühle ich mich abends um halb zehn nach dem Schlafenlegen der Kleinen eher da-

nach, mich aufs Sofa zu setzen und durch Instagram zu scrollen, anstatt das Chaos in der Küche zu beseitigen. Wenn ich es mir aber zur Gewohnheit mache, dass die Küche abends sauber und aufgeräumt ist, weil ich dann am nächsten Morgen mit viel mehr Motivation wieder starte, dann stelle ich mir erst gar nicht die Frage, ob mir gerade überhaupt danach ist. Deshalb können Routinen wirklich gut dazu beitragen, ein aufgeräumtes und friedevolles Zuhause zu schaffen. Ich habe die Beobachtung gemacht, dass ich in meinem Leben sehr viel mehr auf die Reihe kriege, wenn ich mit mir selbst ein bisschen konsequenter bin.

Besonders hilfreich finde ich auch die »2-Minuten-Regel«: Nimm dir die Aufgaben, die dich nicht mehr als zwei Minuten Zeit kosten, einfach sofort vor. Dann sind sie erledigt und du schiebst sie nicht endlos vor dir her. Auf diese Weise gelingt es, schon im Vorbeilaufen eine gute Grundordnung zu erreichen.

Gerade in der Küche spart mir diese Regel ganz schön viel Zeit. Eine Teigschüssel direkt nach Gebrauch abzuspülen, dauert keine zwei Minuten und geht dazu noch dreimal schneller, als nachher die festgetrockneten Teigreste, die Zement in nichts nachstehen, aus der Schüssel zu kratzen.

Ordnung halten heißt nicht, dass es bei uns zu Hause aussehen muss wie im Katalog. Es darf schon zu sehen sein, dass hier gelebt wird. Doch wir sollten vermeiden, dass alles in ein unübersichtliches Chaos mündet, in dem sich niemand mehr richtig wohlfühlt. Deshalb möchte ich dich einladen, Wege zu finden, wie du im Alltag nebenbei Ordnung halten kannst. Und du wirst dich wundern, wie viel friedlicher und ausgeglichener die Atmosphäre bei euch zu Hause sein wird.

Liebe geht durch den Magen

Es ist Sonntagmorgen. Hinter uns liegt ein vollgepackter und langer Samstag, an dem wir viel länger als ursprünglich geplant unterwegs und später als gewollt wieder zu Hause waren. Und dann wurde auch noch die Uhr umgestellt: auf Sommerzeit. Was nichts anderes heißt, als dass uns zusätzlich auch noch eine Stunde weniger Schlaf bleibt. Da kann ich mir schon ausmalen, mit wie viel Begeisterung meine Kinder heute Morgen aus den Betten springen werden, wenn es das Frühstück heute eine Stunde früher gibt, damit wir es rechtzeitig zum Gottesdienst schaffen. Da ist Unfrieden am Frühstückstisch eigentlich schon vorprogrammiert. Ich sehe die schlechte Stimmung am Esstisch förmlich vor mir: Der eine mault, der andere motzt, ein Wort ergibt das andere und schon steckt man mitten in einer unseligen Diskussion von Recht und Unrecht, in der es nur Verlierer gibt.

Glücklicherweise kenne ich meine Familie inzwischen gut und weiß, wie meine Liebsten ticken. Es gibt etwas, das mich zwar ein kleines bisschen mehr an Mühe und Kreativität kostet, sich aber auf die Laune und die Stimmung am Frühstückstisch maßgeblich positiv auswirkt: ein liebevoll zubereitetes Essen. An diesem Sonntagmorgen habe ich in weiser Vorrausicht zusätzlich zu den Brötchen noch ein paar Croissants aufgebacken und Rührei gemacht. Nichts besonders Aufwendiges, aber etwas, das bei uns sehr beliebt ist. Und weißt du, was passiert? In dem Moment, in dem meine müden und muffeligen Kinder den Frühstückstisch erblicken, hebt sich ihre Laune schlagartig und das Frühstück verläuft harmonisch und ohne kritische Zwischenfälle.

Auch auf diese einfache Weise lässt sich in unserem Zuhause eine Atmosphäre schaffen, die dem Frieden dient. Das funktioniert übrigens auch ganz wunderbar mit Schokobrötchen an einem Montagmorgen, an dem keiner Lust auf Schule hat. Oder mit dem Lieblingsessen von einem Kind, das heute einen schweren Tag hat. Oder mit einer Pizza zum Abendessen, nachdem der Nachmittag nicht so besonders gut gelaufen ist.

Ein leckeres Essen kann den Tag ganz schön erhellen und zu einem harmonischen Miteinander beitragen. Die meisten guten Gespräche mit unseren Kindern finden nicht zwischen Tür und Angel statt. Auch nicht wenn wir uns entschließen, jetzt ein gutes Gespräch zu führen und uns zu diesem Zweck auf dem Sofa niederzulassen. Sie entstehen während der Mahlzeiten an einem liebevoll gedeckten Tisch. Denn ein gutes Essen kann sogar Herzen aufschließen.

Das wusste auch schon Abigail in 1. Samuel 25. Nachdem ihr Mann durch sein unbedachtes und egoistisches Verhalten ein großes Unheil heraufbeschworen hatte, machte sie sich auf den Weg, um den Frieden wiederherzustellen. Und wie machte sie das? Ja, sie verhielt sich sehr weise und argumentierte klug, aber bevor sie überhaupt irgendetwas tat oder sagte, schickte sie eine reichhaltige Mahlzeit voraus, weil sie wusste, dass ihre Worte auf diese Weise viel eher auf offene Ohren stießen. Anscheinend ist das ein sehr bekanntes Phänomen. Wir sollten es machen wie Abigail, wenn wir aus unserem Zuhause einen Ort des Friedens machen wollen. Überleg dir, mit welchen einfachen, liebevollen Gesten aus deiner Küche du deine Familie erfreuen kannst. Die Zeit und Mühe, die du dafür aufwendest, deine kleine Welt bei dir zu Hause ein bisschen schöner zu machen, sind die Investition wert.

Unser Alltag ist ihre Kindheit

Als ich diesen Satz vor Jahren zum ersten Mal las, hinterließ er in meinem Hals einen kleinen Kloß. Ich habe daraufhin meinen Alltag plötzlich mit ganz anderen Augen gesehen. Nämlich als die Kindheit meiner Kids. Eine Zeit, die einmalig, wertvoll, prägend und irgendwann für immer vorbei ist. Und mir wurde mit einem Mal bewusst, wie bitter diese Wahrheit eigentlich ist.

Stell dir vor: eine Kindheit, in der die Erwachsenen sich um das Erledigen von Aufgaben und das Abhaken von To-dos kümmern und ein Termin den andern jagt. Eine Kindheit vollgepackt mit ernsten Themen, mit Ängsten und Befürchtungen, mit düsteren Spekulationen. Eine Kindheit, in der alle perfekt funktionieren müssen, mit wenig Platz für Lachen und Ausgelassensein, weil dafür gerade keine Zeit ist.

Ich glaube, viel zu oft ist uns nicht bewusst, dass das, was wir gestern, heute und morgen leben, die Kindheit unserer Kinder ist. Eine so wertvolle Zeit, die nie mehr wiederkommt und die so prägend für ihr ganzes Leben ist. Viel zu oft sind wir nur mit unserem Alltag beschäftigt, mit unseren Aufgaben, Sorgen und Herausforderungen. Ist uns bewusst, dass wir mit unserer Ausstrahlung, unserem Reden und den Schwerpunkten, die wir legen, den Raum schaffen, in dem unsere Kinder aufwachsen und der das bestimmt, was sie später einmal mit ihrer Kindheit verbinden werden?

Als Mamas haben wir in einer Welt voller Chaos und Unfrieden eine so riesige Chance, für unsere Kinder einen Raum zu schaffen, wo sie unbeschwert und fröhlich aufwachsen können. Einen Ort, der ihnen Geborgenheit schenkt und an dem sie sich gesehen und geliebt wissen. Ich möchte dich dazu ermutigen, ein Zuhause zu schaffen, in dem ein sauberer Fußboden nicht wichtiger ist als ein fröhliches Kind und in dem die Aufgaben und Pflichten, die mit dem Haushalt verbunden sind, nicht wichtiger sind als die Menschen, die dort leben.

Verschenke Liebe, Aufmerksamkeit, ein Lächeln und Umarmungen. Dafür kann der Putzlappen auch mal liegen bleiben. Denn dein Alltag ist ihre Kindheit!

Fülle deinen Alltag mit Schönem

Zu schön, um alltäglich zu sein

Worin liegt eigentlich der Unterschied zwischen einem Sonntags- und einem Alltagskleid? Und was unterscheidet das gute Geschirr von den Tellern, die wir täglich in Gebrauch haben? Ist es nicht das Besondere, das Schöne? Irgendwie sitzt tief in uns der Gedanke, dass manche Dinge zu schade, zu besonders, zu schön für unseren Alltag sind. Und dass man sie deshalb nur zu besonderen Anlässen hervorholen darf.

Gehen wir unbewusst davon aus, dass Schönes nicht in unseren Alltag passt? Dann brauchen wir uns nicht zu wundern, wenn dieser uns manchmal ziemlich farblos und grau erscheint.

In der Bibel finden wir interessanterweise eine ganz andere Haltung gegenüber dem Alltäglichen: »So geh nun hin, iss mit Freuden dein Brot und trinke deinen Wein mit fröhlichem Herzen, denn Gott hat dein Tun längst gebilligt! Lass deine Kleider allezeit weiß sein, und lass das Öl nicht fehlen auf deinem Haupt!« (Prediger 9,7-8). Mit anderen Worten: Genieße dein Essen und freu dich daran, zieh dein Lieblingskleid an und trag ein bisschen Make-up auf – auch wenn heute ein ganz gewöhnlicher Montag oder Mittwoch ist. Weil der Grund für schöne Dinge und die Freude am Leben eben nicht daran hängt, ob heute Sonntag oder Werktag ist, sondern einzig daran, dass wir unser Leben so führen, dass Gott Freude daran hat. Und wenn wir so leben, dass sich Gott über unser Tun freut, dann ist jeder Tag es wert, gefeiert zu werden!

Ich möchte dich einladen, deinen Alltag mit Schönheit zu füllen. Verabschiede dich von dem Gedanken, dass Schönes für besondere Momente aufgehoben werden muss.

Dein Alltag darf schön sein. Auch wenn vielleicht niemand außer dir etwas davon hat. Hast du schon einmal darüber nachgedacht, dass Gott wunderschöne Blumen gerade an die Stellen gepflanzt hat, wo fast niemand hinkommt? Denk nur mal an das Edelweiß. Es ist so hübsch anzusehen und wächst hoch oben im Gebirge, am liebsten zwischen einsamen Felsspalten, wo wir Menschen in der Regel gar nicht hinkommen. Viel Nutzen generiert es dort wohl kaum und trotzdem war es Gott anscheinend wichtig, dass es dort wächst und Schönheit verbreitet, auch wenn er vielleicht der Einzige ist, der sich daran freut.

Umgib dich mit schönen Dingen

Meine Seele lebt von Schönem. An Tagen, an denen ich mich total ausgelaugt und müde fühle, brauche ich oft nur einen Spaziergang in der Natur oder einen Bummel durch unseren Blumenladen und schon fühle ich mich merklich besser. Ich glaube, dass jeder Mensch so geschaffen ist, dass er sich an Schönem freut. Weil Gott selbst es auch tut. Warum sonst sollte er so viel Wert auf Schönheit, Vielfalt und Ästhetik in seine Schöpfung gelegt haben?

Seit ich angefangen habe, der Schönheit in meinem Alltag Raum zu geben, anstatt sie nur auf Sonntage und besondere Anlässe zu verbannen, habe ich viel mehr Freude an meinen täglichen Aufgaben. Und das Gleiche kannst du auch tun!

Damit meine ich nicht, dass du einen Haufen unnötige Deko rumstehen hast, die dich nur beim Staubwischen stört und alles zugestellt wirken lässt, sondern dass die Dinge, die du täglich benutzt, schön sind. Sei es dein Wäschekorb, deine Teigschüssel, dein Messbecher oder dein Putzzeug. Nutze statt vielem billigen Plastikzeug, das einfach nur hässlich ist, lieber wenige, dafür hochwertige Dinge aus Holz, Emaille, Glas oder Keramik. Das müssen durchaus keinen teuren Markensachen sein. Aber jedes einzelne darf ein Lieblingsstück werden, das dir deinen Alltag verschönert und dir ein Lächeln aufs Gesicht zaubert, wann immer du es anschaust oder in die Hand nimmst.

Wie oft stehe ich in meiner Küche, in der sich das Chaos türmt, und mir fehlt die Motivation, irgendwo einen Anfang zu finden. Und dann fällt mein Blick auf die Hakenleiste über meinem Spülbecken, an der ein Sammelsurium aus Spülbürsten, Abtropfsieben und Messbechern baumelt, die ich im Laufe der Jahre gesammelt habe und die alle einfach schön sind. Natürlich auch nützlich, sonst hätte ich sie nicht dort hängen. Aber sie sind in erster Linie schön und ergeben zusammen ein harmonisches Bild. Und dieser Anblick weckt bei mir Freude. Aber auch Vorfreude auf eine aufgeräumte Küche. Und auf einmal fällt es mir gar nicht mehr so schwer, mit dem Aufräumen loszulegen.

Wäsche machen war noch nie meine gro-

ße Leidenschaft. Aber seit ich mir ein paar hübsche Weidenkörbe zugelegt habe, ist der Anblick von sauberer Wäsche in einem dieser Körbe so ein schönes Bild, dass ich mich einfach darüber freuen muss. Und die Arbeit gleich leichter von der Hand geht.

Es kann so einen Unterschied im Alltag machen, wenn du schöne Dinge benutzt und auch deine Arbeitsplätze so gestaltest, dass du dich dort wohlfühlst. Sei es deine Küche oder – wenn vorhanden – der Waschkeller. Verabschiede dich von dem Gedanken, dass alles einfach nur möglichst praktisch sein muss.

Gönn dir außerdem frische Blumen auf dem Esstisch. Auch das muss nicht warten, bis du Besuch bekommst oder Geburtstag hast. Gott hat diese Blumen geschaffen, die manchmal keinen anderen Nutzen haben, als uns einfach nur zu erfreuen. Und genau deshalb solltest du dir dieses liebevolle Geschenk deines Schöpfers nicht entgehen lassen.

Umgib dich mit schönen Dingen und du wirst merken, wie das Grau immer mehr aus deinem Alltag verschwindet und das tägliche Einerlei auf einmal liebenswert wird.

Sei selber schön

In letzter Zeit kursieren in den sozialen Medien ein paar Videos von Frauen, die sich darüber lustig machen, dass ihre Männer der Meinung sind, sie könnten auch im Alltag ruhig mal ein bisschen mehr auf ihr Äußeres achten. Und nun schrubben sie im Abendkleid die Böden, putzen übertrieben zurechtgemacht die Toiletten und falten auffällig geschminkt und gestylt die Wäsche. Natürlich nur für das Video. Nicht für ihre Männer. Dabei machen sie sich darüber lustig, wie utopisch die Vorstellung ihrer Männer ist.

Ich finde, das zeugt von einem zu geringen Anspruch an sich selbst und den eigenen Alltag. Und außerdem fehlt mir bei diesen Frauen die Wertschätzung für die Arbeit, die man zu Hause tut. Ich schätze, dass keine dieser Damen wie halb aus dem Bett gefallen ins Büro, in die Fabrik oder an sonst eine Arbeit gehen würde. Und schon gar nicht zu einem wichtigen Meeting.

Warum also sollten wir uns äußerlich gehen lassen, nur weil wir zu Hause arbeiten? Eine solche Einstellung kann sich auch ganz schnell auf unser Inneres übertragen.

Von der Frau in Sprüche 31 lesen wir, dass sie in Kraft und Würde gekleidet ist. Und ich glaube, dass niemand von uns auf die Idee

kommen würde, sie sich in Jogginghose und Messy Bun auf dem Kopf vorzustellen, oder?

Und genau hier liegt ein weiterer Schlüssel für einen liebenswerten Alltag: Geh in Würde durch deinen Tag in dem Wissen, wer du bist und wem du dienst. Du dienst Jesus persönlich. Es gibt keinen höheren Dienst und nichts kann unser Leben mit mehr Wert und Sinn füllen. Dieses Bewusstsein darf uns prägen und uns einen anderen Blick auf unsere Aufgaben und auf uns selbst geben. Und das darf nach außen zu sehen sein.

Für mich macht es wirklich einen großen Unterschied, ob ich im Schlabberlook und ungekämmt durch den Tag stolpere oder ob ich mich schön anziehe und mir die Haare gemacht habe. Ich bin viel motivierter und fröhlicher und die Dinge gehen mir ganz anders von der Hand. Weil sich das Äußere auf mein Inneres überträgt.

Deshalb mein Tipp für dich: Zieh dir was Hübsches an, mach dir die Haare, leg ein bisschen Make-up auf, auch wenn es ein ganz gewöhnlicher Montagmorgen ist, an dem du keinen Besuch erwartest und vermutlich noch nicht einmal zum Einkaufen das Haus verlassen wirst. Einfach nur für dich. Auch deinem Mann wird es auffallen und er wird es zu schätzen wissen. Und du selbst wirst feststellen, wie sehr sich das auf deine Motivation auswirkt und du Freude am Alltag findest.

3/4
Tea
If you are cold, it will war

Slow and simple living

»Ich hab den Eindruck, dass mir die Zeit davonläuft.« Ist dir so eine Aussage schon einmal begegnet? Vielleicht hast du das auch schon selbst einmal gedacht. Und wirklich, unsere Zeit ist so unglaublich schnelllebig und turbulent, dass der Ruf nach einem langsameren, stilleren Leben immer lauter wird. »Achtsamkeit« und »Slow Living« sind die neuen Trendthemen, für manche sind sie sogar schon eine Art Ersatzreligion geworden, was auch verständlich ist. Gab es jemals so viele Menschen, die an Burn-out leiden, wie in unserer Zeit?

Unser Leben ist unruhig und umtriebig und der Fokus liegt auf Effizienz und Leistung. Wir jagen von Aufgabe zu Aufgabe, von Termin zu Termin und leiten unseren Wert von dem ab, was wir schaffen, oder auch von dem, was wir eben nicht schaffen. So wird unser Alltag zu einer anstrengenden Tretmühle und ist von einem täglichen Fest sehr weit entfernt.

Ich glaube inzwischen ganz fest, dass wir Menschen nicht für einen solchen Lebensstil geschaffen sind. Und wenn wir in die Geschichte sehen, ist es nur das Ergebnis unseres technischen Fortschritts, dass wir so lange durch den Tag hetzen, bis wir irgendwann nicht mehr können.

Doch das ist nicht der Lebensstil, den Gott sich für uns Menschen gedacht hat. In 1. Thessalonicher 4,11 fordert Gott uns persönlich dazu auf, dass »ihr eure Ehre darin sucht, ein stilles Leben zu führen, eure eigenen Angelegenheiten zu besorgen und mit euren eigenen Händen zu arbeiten«.

Klingt das nicht eigentlich wundervoll? Und ist es nicht genau das, was wir uns tief im Inneren wünschen?

Ein stilles Leben, das Gott ehrt, das ihn beim Arbeiten und beim Ruhen anbetet. Dafür sind wir geschaffen worden.

Und nur darin werden wir wirkliche Lebensqualität finden. Jedem von uns stehen am Tag vierundzwanzig Stunden zur Verfügung – und in einer Woche sieben Tage. Die Frage ist: Was machen wir daraus? Womit füllen wir unsere wertvolle Lebenszeit? Bringt uns das, womit wir uns täglich beschäftigen, einen Mehrwert oder laugt es uns aus? Und vor allem: Geben wir durch unser Tun Gott die Ehre?

Wenn wir uns darüber Gedanken machen, wie wir unsere Zeit bewusst und weise nutzen können, müssen wir anfangen, uns nach Gottes Gedanken auszurichten. Was denkt er über unsere Lebenszeit? Hat er, als unser Schöpfer, vielleicht schon eine Betriebsanleitung geschrieben, nach der wir unsere Zeit einteilen und sie nach seinen Gedanken füllen können?

Das hat er tatsächlich getan. Und um das Leben zu leben, für das wir geschaffen wurden, brauchen wir uns nur an diese Anleitung zu halten.

Der Ruhetag

Das fängt schon bei unserer Wochenplanung an. Unsere Woche hat sieben Tage, alle sind gleich lang, aber doch sind sie nicht alle gleich. Gott hat angeordnet, dass wir uns an einem dieser Tage ausruhen sollen. In 2. Mose 34,21 lesen wir: »Sechs Tage sollst du arbeiten und am siebten Tag ruhen.« Schon ganz am Anfang der Schöpfung hat Gott das festgesetzt: »Gott segnete diesen Tag und machte ihn zu etwas Besonderem, denn an ihm ruhte Gott, nachdem er sein Schöpfungswerk vollendet hatte« (1. Mose 2,3).

Gott selbst ruhte und schuf explizit dazu einen Tag, den er besonders heiligte, damit sich die von ihm geschaffenen Menschen ausruhen können. Denn er wusste, dass sie es bitter nötig haben würden. Aber wir wollen es oft besser als unser Schöpfer wissen und legen es uns als Freiheit aus, jeden Tag tun und lassen zu können, was wir möchten. Und auch wenn wir an unserem »Ruhetag« vielleicht nicht den

Garten umgraben oder das Auto waschen, so nehmen wir uns doch oft so viel vor, obwohl wir uns eigentlich ausruhen sollten. Das führt manchmal dazu, dass wir nach diesem »Ruhetag« eben nicht besonders erholt sind. Deshalb ist ein ganz wichtiger Schritt zu einem ruhigen und stillen Leben ein Wochenplan nach Gottes Gedanken mit einem festen Ruhetag, an dem wir wirklich einmal ruhen. Und weißt du, wie diese Gedanken aussehen?

Der erste Gedanke Gottes ist mir sehr sympathisch: An diesem Tag bleibt die Küche kalt, oder zumindest wird mein Engagement dort auf ein Minimum reduziert. In 2. Mose 16,23 lesen wir, dass die Israeliten damals noch nicht einmal kochen und backen durften, sondern dass sie alles, was sie für diesen Tag brauchten, am Tag zuvor vorbereiten sollten. Also: Gott möchte, dass du dich an diesem Tag richtig ausruhst. Dass du dein Ausruhen noch nicht einmal durch das aufwendige Zubereiten einer Mahlzeit unterbrechen sollst. Für mich ist das ehrlich gesagt ein ganz wundervoller Gedanke, denn so besonders gerne bin ich gar nicht in meiner Küche. Und auch wenn ich es nicht jede Woche schaffe, am Vortag für den nächsten Tag mitzukochen, macht es für mich doch einen erheblichen Unterschied, ob ich mir an meinem Ruhetag noch Gedanken um unsere Mahlzeiten und die Zubereitung machen muss oder nicht. Deshalb mein Tipp: Versuche, gerade das Mittagessen gut vorzubereiten. Ich koche dann meistens eine Suppe, einen Eintopf oder irgendeine Fleisch- oder Gemüsesoße gleich für zwei Tage. Das ist nicht viel mehr Arbeit, steigert aber die Qualität meines Ruhetags um einiges.

Der zweite Gedanke Gottes zu meinem Ruhetag: Ich darf konsequent ruhen. Ich darf an diesem siebten Tag einfach alles stehen und liegen lassen, ganz gleich, wie viel oder wenig ich in den Tagen davor geschafft habe, und darf mit Fug und Recht die Füße hochlegen. Ist das nicht genial? Ich muss mir diesen Ruhetag nicht verdienen und muss mich an diesem Tag noch nicht mal von Aufgaben stressen lassen, die eigentlich keinen Aufschub dulden. Denn heute ist Ruhe angesagt. In 2. Mose 34,21 sagt Gott: »Sechs Tage sollst du arbeiten und am siebten Tag ruhen. Das gilt auch für die Zeit des Pflügens und des Erntens.«

Also, ganz gleich, wie günstig es heute vielleicht auch wäre, diese oder jene Aufgabe zu erledigen, und wie dringend und wichtig vielleicht auch das ein oder andere scheint: Du musst dich davon heute nicht stressen lassen. Punkt. Gott verordnet dir Ruhe. Also lerne, diesen Ruhetag dankbar anzunehmen und zu genießen. Und du wirst staunen, wie viel mehr Lebensqualität er dir beschert. Denn er ist keine lästige Anordnung Gottes, sondern ein wohlwollendes Angebot deines Schöpfers,

der besser als du selbst weiß, wie du tickst und was du brauchst.

Dieses konsequente Ruhen war für uns ein absoluter Gamechanger. Gerade in den letzten beiden Jahren war unser Leben sehr gefüllt. Umzug, Gemeindegründung, Existenzgründung und daneben ja noch der ganz normale Alltag als sechsköpfige Familie haben uns zwischendrin ganz schön gefordert. Oft waren die Nächte kurz und die Tage ziemlich getaktet. Ich glaube, dass wir es vor allem der Konsequenz meines Mannes verdanken, der sehr viel Wert auf unseren Ruhetag legt, dass wir diese Herausforderung doch recht gut gemeistert haben. Es erfordert schon eine bewusste Entscheidung, konsequent zu ruhen, egal ob viel oder wenig ansteht. Denn immer gibt es irgendetwas, das eigentlich dringend erledigt werden müsste. Würden wir nur darauf sehen, dass die Arbeit geschafft wird, kämen wir nie wirklich zur Ruhe. Und irgendwann würden wir dann ausbrennen.

Ich möchte dich ermutigen, dir einen festen Ruhetag in der Woche einzuplanen. Einen Tag, an dem du innerlich zu Kräften kommen und regenerieren kannst. An dem du Zeit mit Gott und seinem Wort verbringst und einfach die Dinge tust, die dir beim Auftanken helfen: ein Spaziergang oder eine Radtour durchs Grüne, in Ruhe ein Buch lesen, Blumen pflücken, als Familie zusammen Chips knabbern und ein Spiel spielen, singen. Was auch immer euch guttut. Mit dem Blick auf Gott und nicht auf die Uhr. Ohne Zeitdruck, ohne ständiges Schielen darauf, wann es zum nächsten Programmpunkt geht, einfach nur ruhen.

Lass den Korb Wäsche, die noch »eben schnell« gefaltet werden muss, an diesem Tag stehen, diese Arbeit darf auf den nächsten Tag warten. Und das Chaos in der Garage ist morgen auch noch da. Lerne es, an deinem Ruhetag alles, was nach Arbeit schreit, gekonnt zu ignorieren. Warum? Weil Gott es dir gönnt. Und weil es dich einen ganzen Schritt näher zu einem stillen und ruhigen Lebensstil bringt, der Gott ehrt.

Aber die ganzen Termine …

Irgendwie sind die Menschen in unserem Kulturkreis sehr leistungsorientiert und effizienzverrückt. Jeder Tag wird bis in die letzte Sekunde durchgetaktet, zeitliche Freiräume als Zeitverschwendung abgetan und aus der Zeit wird möglichst viel rausgeholt – nicht an Qualität, sondern an Leistung und Ergebnissen. Am Ende des Tages zählt das, was geschafft wurde, was auf unserer To-do-Liste abgearbeitet wurde. Darum knallen wir unsere Tage voll mit Terminen, Aufgaben und Aktivitäten. Und selbst bei unseren Kindern machen wir es ganz genauso.

Anstatt ihnen eine unbeschwerte, fröhliche Kindheit zu gewähren, machen wir bei dem Wahnsinn mit, so viel wie möglich aus ihren Kinderjahren herausquetschen zu müssen. So haben diese kleinen Menschen, die oft noch nicht einmal wissen, wie man »Terminkalender« schreibt, diesen aber doch schon recht voll. Montags Kinderturnen, dienstags Musikunterricht, mittwochs Ballett oder Fußball, donnerstags Reiten und am Freitag der Schwimmkurs. Muss das wirklich sein? Ich wage mal zu behauptet, dass wir weder uns noch unseren Kindern damit wirklich einen Gefallen tun. Denn schon diesen kleinen Menschen fehlt im Alltag die Zeit, um einfach mal durchzuatmen, ihren Gedanken nachzuhängen und nur Kind zu sein.

Für uns als Eltern summiert sich das dann mit jedem Kind, sodass auch unsere Tage vollgestopft sind mit dem Hetzen von Termin zu Termin. Wir merken schon, dass das eigentlich alles ein bisschen viel ist, und sehnen uns hin und wieder auch nach etwas mehr Ruhe im Leben. Vielleicht bemitleiden wir uns auch selbst dafür, dass wir so einen unruhigen und stressigen Alltag haben. Dabei sind wir selbst schuld daran.

Wir sollten umdenken: Das, was eine Kindheit besonders und wertvoll macht, sind nicht die vielen Freizeitaktivitäten und dass wir das Gefühl haben, die Kinderjahre maximal effizient auszuschlachten. Kinder brauchen genauso ein stilles und langsames Leben wie du und ich. Das, was ihre Kindheit so wertvoll macht, sind die Zeiten unbeschwerten Spielens und gedankenversunkenen Träumens. Die Momente, in denen du mit ihnen lachst, ein Buch liest oder Kekse backst. Leistungsdruck und Effizienzwahn werden sie noch früh genug einholen. Gerade uns Eltern sollte es eigentlich am Herzen liegen, sie davor zu schützen und ihnen eine unbeschwerte Kindheit zu ermöglichen. Ihnen einen Raum zu schaffen, in dem sie aufatmen und einfach Kind sein dürfen.

Wenn du das Bedürfnis nach mehr Ruhe in deinem Leben hast, dann fang bei deinem Terminkalender an. Fang damit an umzudenken und den Wert der Zeit von ihrer Qualität und nicht von ihrem Nutzen abhängig zu machen. Gönne deinen Kindern eine Kindheit, wie Kinder sie immer hatten. Unbeschwert und leicht. Dann wird später aus ihnen vielleicht kein Profifußballer, Musikstar oder eine Primaballerina. Doch dafür werden sie das

Leben vielleicht gelassener meistern, wenn ihr Denken nicht so von Leistungsdruck geprägt ist.

Und gönne auch dir ein Leben, das nicht vollgepackt ist mit Aktivitäten, nur um das Gefühl zu haben, etwas aus deinem Leben gemacht zu haben. Weniger ist mehr. Mehr Ruhe, mehr Gelassenheit, mehr Beziehung und mehr Lebensqualität.

Ordne deine Prioritäten

Wenn ich nicht aufpasse, neige ich dazu, mich in alle möglichen Richtungen zu verfransen. Das liegt daran, dass ich oft Pläne und Ideen habe, die drei Leben füllen könnten, mein Tag aber nur vierundzwanzig Stunden hat. Das führt nicht nur dazu, dass ich oft das Wichtigste, meine Beziehung zu Jesus, vernachlässige, sondern bringt auch schnell viel Stress und Unruhe in mein Leben und das meiner Familie. Und ich fühle mich restlos überfordert. Deshalb ist es für einen entspannteren Alltag und ein ruhigeres Leben so wichtig, dass ich meine Prioritäten kenne und sie richtig ordne.

An erster Stelle steht natürlich meine Beziehung zu Jesus. Aus der Gemeinschaft mit ihm schöpfte ich Kraft, Freude und Geduld für den Alltag. Aber was kommt danach? Was will ich mit meiner Lebenszeit erreichen, was ist mein Ziel? Es wird ja relativ viel Wirbel darum gemacht, wie wichtig es sei, unsere Berufung zu finden, um ein erfülltes Leben zu haben. Und es wird weit in die Ferne geschaut, gegrübelt und gerätselt, was unsere Berufung sein könnte. Und oft auch zerknirscht resigniert, weil wir sie einfach nicht finden. Weil es keine Bühne gibt, die auf uns wartet, und kein Missionsfeld, das uns auf die andere Seite des Ozeans ruft.

Dabei ist unsere Berufung doch eigentlich nicht so schwer zu finden. Jedenfalls, wenn Gott uns einen Mann, Kind(er) und ein Zuhause anvertraut hat. Dann ist in der Bibel in Titus 2,4-5 sehr genau beschrieben, was unsere Prioritäten sein sollen: »Die älteren Frauen […] sollen die jungen Frauen anleiten, ihre Männer und Kinder zu lieben […] ihren Haushalt gut zu versorgen […] und zwar deshalb, damit das Wort Gottes nicht in Verruf kommt.«

Das ist unsere Berufung. Und ich glaube, damit sind wir auch schon überwiegend ausgelastet, oder? Hier sollen wir unser Bestes geben. Auch wenn das vielleicht niemand sieht,

uns niemand Beifall klatscht und wir dafür auch keinen Artikel in der nächsten Ausgabe einer christlichen Zeitschrift bekommen. Aber das ist unsere göttliche Berufung, auch wenn du keine Stimme vom Himmel gehört hast, die dich dazu aufgefordert hat, und diese Berufung auch sonst denkbar unspektakulär erfolgt ist. Als Mama folgen wir einer göttlichen Berufung, das sollten wir nie vergessen. Die Arbeit, die wir in unsere Kinder, unsere Ehe, unser Zuhause investieren, ist kein lästiger Nebenjob, der uns nur davon abhält, endlich mal was Richtiges aus unserem Leben zu machen.

Doch zurück zum Thema »Prioritäten«: zuerst mein Mann, danach meine Kinder und dann mein Zuhause. So einfach. Und wenn ich das richtig gut abgedeckt habe, nicht nur irgendwie halbherzig und nebenbei, dann bleibt mir oft gar nicht mehr so viel Zeit, um mir darüber Gedanken zu machen, was eigentlich meine Aufgabe ist. Solange diese Prioritäten bei mir stimmen, nimmt das unglaublich viel Stress und Unfrieden aus meinem Alltag. Dann habe ich Freude an meinen täglichen Aufgaben und auch meine Kinder sind ausgeglichen und ich freue mich über sie. Ich habe gemerkt, dass Stress und Unruhe in der Regel immer dann in meinen Alltag kommen, wenn ich mich in 1001 Dinge und Aufgaben investiere, die eigentlich hintangestellt gehören. Dann sind auch meine Kinder einfach unerträglich und anstrengend und ich empfinde alles, was mit meinem Zuhause zu tun hat, plötzlich als Last.

Deshalb ein kleiner Gedankenanstoß: Wenn du dich ausgelaugt und restlos überfordert fühlst, denk mal darüber nach, ob vielleicht die Prioritäten bei dir falsch angeordnet sind. Das kannst du ganz einfach mathematisch überprüfen. Nämlich mit einer Umkehraufgabe: Hast du das Gefühl, dass deine Kinder dir im Weg sind bei all den ach so wichtigen Dingen, die du zu organisieren und erledigen hast? Und stresst dich der Gedanke an deinen Haushalt, weil du vor lauter Aufgaben, die du woanders hast, dort einfach nicht hinterherkommst? All diese Dinge und Aufgaben können durchaus sehr gute, lobenswerte, sogar geistliche Aktivitäten sein. Und trotzdem kann es sein, dass sie in deiner aktuellen Lebensphase einfach nicht dran sind.

Vielleicht geht es dir da genau wie mir. Wenn das der Fall ist, dann möchte ich dich dazu ermutigen, das zu ändern. Das kann auch heißen, dass Menschen außerhalb deiner Familie mal ein bisschen länger warten müssen, bis du Zeit für sie hast, oder dass du eine Ladung Unverständnis dafür erntest, dass du einen Dienst in der Gemeinde niederlegst. Du bist nicht für jede Aufgabe verantwortlich, für die sich sonst vielleicht keiner findet.

Gott weiß, was für dich am besten ist. Er ist es, der dir sagt: Es reicht. Du musst nicht alles schaffen. Sei im Kleinen treu. Da, wo er dich hingestellt hat. In deinem Zuhause, bei den Menschen, die er dir anvertraut hat. Du kannst und musst nicht die ganze Welt retten. Wenn du deine Prioritäten nach Gottes Gedanken geordnet hast, wirst du dich wundern, wie viel Freude und Leichtigkeit in deinen Alltag kommt und wie sich das auf lange Sicht auf deine Kinder und euer ganzes Familienleben auswirken wird.

Die eigenen Angelegenheiten

Was fasziniert uns eigentlich so an der »guten alten Zeit«? Ich glaube, es ist die Ruhe, die sie auf uns ausstrahlt. Das kann man spüren, wenn man alte Fotos von früher betrachtet oder ein Freilichtmuseum besucht. Das Leben der Menschen früher spiegelt trotz aller Widrigkeiten etwas wider, das uns heute so sehr fehlt: ein stilles Leben. So hart die Lebensumstände auch waren, so groß der Berg an täglicher Arbeit, die bewältigt werden musste, so hatte das Leben doch seine Konstanten. Es war berechenbar und verlief im Rhythmus der Jahreszeiten, der Lebensraum übersichtlich. Vielleicht erfuhr man noch, was im Nachbarort passierte. Aber von der Informationsflut, die heute auf uns niedergeht, blieb man in der »guten alten Zeit« verschont. Dafür war man mehr mit seinen eigenen Angelegenheiten beschäftigt.

Und genau das ist es, was unser Leben oft so unruhig und belastend macht. Dass wir nicht nur mit unseren eigenen Angelegenheiten beschäftigt sind, sondern mit allem, was auf der großen, weiten Welt passiert. Wenn wir es zulassen. Und deshalb tun wir einen großen Schritt zu einem ruhigeren Leben, wenn wir um unsere eigenen Angelegenheiten besorgt sind. Und das Schöne ist, dass wir sogar in 1. Thessalonicher 4,11 dazu aufgefordert werden: »… und eure Ehre darin sucht, ein stilles Leben zu führen, eure eigenen Angelegenheiten zu besorgen …«

Es wird immer Dinge in unserem unmittelbaren Umfeld geben, die uns Sorgen bereiten: ein krankes Kind, die berufliche Situation unseres Mannes, ein Konflikt, der unlösbar scheint, und vieles mehr. Es ist ja auch vollkommen normal, dass diese Dinge uns beschäftigen und Mühe machen. Aber ich habe Menschen erlebt, die sich total verrückt machen wegen Dingen, die komplett außerhalb ihres Zuständigkeitsbereichs liegen. Da vergisst der übernächste Nachbar, die Mülltonne rechtzeitig rauszustellen. Die Kinder aus Haus Nr. 3 könnten doch vom Baum fallen, wenn die da so einfach rumklettern. Bei diesem Sturm sind tatsächlich Menschen auf der Straße unterwegs?! Und bestimmt ist gerade in China wieder ein Sack Reis umgefallen! Auch das sind Angelegenheiten, die uns in Summe sehr beschäftigt halten können, an denen wir jedoch nichts werden ändern können. Lernen wir also unseren Zuständigkeitsbereich kennen. Und alles, was darüber hinausgeht, dürfen wir getrost anderen überlassen. Wir müssen und können nicht die ganze Welt retten!

Auch der Umgang mit den Nachrichten fällt in diese Kategorie. Wie voll sind sie von Meldungen, die mir meine Ruhe und den inneren Frieden rauben? Natürlich ist es gut, wenn wir über manche Dinge informiert sind, doch das allermeiste, was ich dort mitbekomme, ist für meinen Alltag als Mama von kleinen Kindern nicht relevant, außer dass es mein Herz mit Unruhe füllt. Noch dazu ändere ich überhaupt gar nichts an all dem Schlimmen, wenn ich mich damit beschäftige und nur noch darüber nachdenken muss.

Außerdem erledigen sich viele Dinge auch ganz schnell wieder. Viele Meldungen sind so kurzlebig, dass vieles von dem, was heute die Menschen beunruhigt, morgen schon wieder »Schnee von gestern« ist. Und wenn wir von dem »Schnee« gar nichts mitbekommen haben? Auch gut. Die Welt dreht sich trotzdem weiter. Und wir haben uns dafür vielleicht ungehindert über den Sonnenschein gefreut.

Wir Menschen sind nicht dazu geschaffen, das Leid der ganzen Welt zu tragen. Das fällt in den Verantwortungsbereich unseres mächtigen Gottes. Genau deshalb bringt die Anweisung, um unsere eigenen Angelegenheiten besorgt zu sein, unglaublich viel Ruhe und Frieden in unseren Alltag. Diesen Komfort dürfen wir uns gönnen. Wir dürfen mit unseren eigenen Angelegenheiten beschäftigt sein und alles, was uns darüber hinaus in Angst und Sorgen versetzen möchte, getrost im Gebet an unseren großen Gott abgeben. Wir dürfen einfach leben.

Wertvolle Handarbeit

Ein weiterer Punkt, der zu einem stillen Leben gehört, ist, mit den eigenen Händen zu arbeiten. »…und eure Ehre darin sucht, ein stilles Leben zu führen, eure eigenen Angelegenheiten zu besorgen und mit euren eigenen Händen zu arbeiten …« (1. Thessalonicher

4,11) Gerade darin liegt solch ein Segen. Ich merke, wie unendlich gut es mir tut, mit meinen eigenen Händen das Brot zu kneten, das wir später essen werden. Mit meinen eigenen Händen in der Erde zu graben, zu pflanzen und zu säen. Mit meinen eigenen Händen Dinge zu schaffen, die meiner Familie nützen und andere erfreuen.

Je mehr Dinge ich mit meinen Händen selbst mache, desto besser nehme ich wahr, wie viel Ruhe diese simplen Aufgaben in meinen Alltag bringen. Wie ich innerlich zur Ruhe komme, wenn meine Hände einen Teig kneten und daraus ein Brot formen, den Nudelteig ausrollen und schneiden, die Wäsche auf die Leine hängen und Unkraut zupfen. Das sind die kleinen Auszeiten im Alltag, die etwas Entschleunigendes haben, weil meine Hände für eine gewisse Zeit immer dasselbe tun und mein Kopf dabei zur Ruhe kommen kann. Ich finde es so schön, dass der Schöpfer sich das so ausgedacht hat, dass zu unserem Alltag Aufgaben gehören, die uns entspannen. Warum nehmen wir diese Aufgaben nicht in Angriff und schätzen sie mehr, anstatt darin eine Last zu sehen? Wenn wir das tun würden, wären wir erstaunt, was für ein Segen sie für unseren Alltag sind.

Ich lade dich dazu ein, in dir die Liebe zur Handarbeit zu wecken. Alte Fertigkeiten auszuprobieren. Wissen wiederzuentdecken. Denn es entschleunigt das ganze Leben so sehr. Fang aber klein an, vielleicht mit einem kleinen Gartenbeet, in dem du ein paar Kräuter und Salat anbaust. Oder mit deinem ersten selbst gebackenen Brot, das du mit selbst gehäkelten oder genähten Topflappen aus dem Ofen holst. Wenn du dann erst mal auf den Geschmack gekommen bist, stehen dir alle Wege offen. Feiere die kleinen Erfolge, und wenn's mal nicht klappt, dann freust du dich das nächste Mal umso mehr über ein gelungenes Brot. Vielleicht fängst du auch an, deine ersten Dreieckstücher auf der Nähmaschine zu zaubern oder Blumen auf eine alte Jeans zu sticken. Wir haben heute den großen Vorteil, dass wir uns durch YouTube-Videos all diese Dinge ganz einfach aneignen können. Ich persönlich habe für mich die Liebe zum Stricken entdeckt. Ob ich mich mit meinem Mann auf einen Plausch auf dem Sofa niederlasse oder mir meine kleine Tochter ihre täglichen zehn Minuten lang vorliest – ich liebe es, dabei zu stricken. Das entspannt mich sehr und gleichzeitig mache ich sogar etwas Nützliches.

Ich glaube, unser Alltag braucht weniger Effizienz und dafür mehr Natürlichkeit. Weniger Perfektion, aber mehr Gelassenheit. Weniger »mehr« und dafür mehr »weniger«. Weniger das Neue und dafür mehr das, was sich über Generationen bewährt hat. Und dann wird vielleicht auch unser Alltag ein kleines Stückchen von dieser Ruhe der »guten alten Zeit« widerspiegeln.

Kleine Alltagspausen

Auch wenn wir gelernt haben, mit unserer Zeit weise umzugehen, kann es doch Tage geben, die einfach sehr vollgestopft sind. Zu tun gibt es ja bekanntlich immer etwas. Deshalb solltest du auch nicht darauf warten, bis du alles erledigt hast, um dir eine Pause zu gönnen. Wir alle brauchen Pausen, um danach mit neuer Kraft weitermachen zu können. Diese Zeit ist keine verschwendete Zeit, auch wenn sie kein messbares Ergebnis generiert. Doch sie sorgt dafür, dass du gelassener und fröhlicher deinen Alltag meisterst. Und davon profitiert deine ganze Familie. Deshalb schaffe dir regelmäßig kleine Alltagspausen, in denen du einfach mal die Füße hochlegst. Oder einen Kaffee trinkst. Oder einen Blick in deine Bibel wirfst.

Für mich war es sehr wichtig zu lernen, dass diese Pausen Priorität haben, auch vor meiner Arbeit. Denn sonst würde mein Tag ohne eine einzige Pause vergehen. Mein tägliches Highlight war lange das Kaffeetrinken mit meinem Mann. Das war schon eine richtige Tradition. Wenn es sich irgendwie einrichten ließ, haben wir unseren Kaffee am Nachmittag zusammen getrunken. Das tun wir jetzt auch noch, allerdings lässt es sich arbeitsbedingt im Moment leider viel seltener einrichten. Dennoch liebe ich diese Zeit, die einfach nur uns gehört. An manchen Tagen quatschen wir viel zu lange und an anderen Tagen trinken wir den Kaffee in fünf Minuten aus, ohne uns zu unterhalten. Aber wir sitzen zusammen. Und das tut so gut. Und an den Tagen, an denen wir keinen Kaffee trinken können, da machen die Kids und ich eben eine Teerunde. Manchmal gibt's dazu auch was Gebackenes, manchmal nur eine süße Kleinigkeit. Wir sitzen zusammen und haben Zeit, uns gegenseitig zuzuhören und miteinander zu lachen. Manchmal packen wir auch im Anschluss noch das Elfer-raus-Spiel aus. Oder ein schönes Buch, das wir gemeinsam lesen. Und danach geht es mit neuem Schwung wieder in den Alltag zurück.

Sie begegnen mir, wann immer ich durch meine Galerie am Handy scrolle. Alltagsschnipsel, von denen ich nicht mal wusste, dass sie existieren. Sie entstehen immer dann, wenn eins meiner Kinder sich mein Handy schnappt und Fotos macht. Meist sind sie schlecht getroffen, verwackelt oder unscharf. Aber sie erinnern mich immer wieder daran, dass meine Kinder meinen Alltag so ganz anders wahrnehmen als ich. Und auch daran, dass meine Wahrnehmung des Lebens nicht das Maß der Dinge ist. Sie ermutigen mich immer wieder, meinen – ach so wichtigen – gut geplanten Tagesablauf mal mit den Augen eines Kindes zu betrachten. Dann stelle ich nämlich fest, dass da oft eine große Portion Freude, Liebe, Lachen und Fröhlichkeit fehlt. Weil all das neben Effizienz und Perfektion keinen Platz hat.

Ich möchte dich einladen, deine Prioritäten richtig zu setzen. Im Hinblick darauf, was dein Leben und deinen Alltag überhaupt lebens- und liebenswert macht. Es müssen keine großen Ereignisse sein, keine großartigen Ausflüge oder kostspieligen Urlaube, um eine Kindheit besonders zu machen. Alles, was deine Kinder brauchen, bist du. Dass du da bist, sie siehst und dich über sie freust. Dass du mit ihnen lachst und durch die Wohnung tanzt. Dass du spontan ein Teekränzchen mit ihnen veranstaltest oder eine Kissenschlacht. Dass du deine Aufgaben mit ihnen teilst und sie so zu eurem gemeinsamen Projekt werden: Gemüse schnippeln, Wäsche falten, Staub wischen oder Teig rühren. All das kann zu einem Event mitten im Alltag werden, zu unvergesslichen Erinnerungen an eine wundervolle Kindheit.

Mit weniger Perfektion und Effizienz, dafür aber mit einer großen Portion Liebe und Freude am Zusammensein. Schau nicht auf die Mehlspuren in der Küche, die schief zusammengelegten Handtücher, die viel zu dicken Gurkenscheiben. Schau in die Augen deiner Kinder, die vor Freude und Stolz strahlen, weil sie gesehen werden und weil sie deinen Alltag mit dir teilen dürfen.

»Wir alle machen jeden Tag unseres Lebens Einzahlungen in die Erinnerungsbanken unserer Kinder.« Charles R. Swindoll

Diese Wahrheit macht erst so richtig die Tragweite unseres Handelns deutlich. Was zahlen wir dort ein? Sind wir uns dessen bewusst, dass unsere Kinder einmal als Erwachsene auf ihre Kindheit zurückblicken werden? Woran werden sie sich dann erinnern? Dass sie meistens im Weg waren und vieles andere wichtiger war? Dass ihre Mama missmutig mit ihrem Alltag beschäftigt war und ihr Papa mit seinen Gedanken ständig woanders war? An lautes Schimpfen und ungeduldige Worte? Oder daran, dass sie gesehen und geliebt wurden? Dass sie ein Lächeln auf unser Gesicht gezaubert haben, wann immer wir sie ansahen? An gemeinsames Singen und Lachen? So oft sind wir mit den Herausforderungen des jeweiligen Tages beschäftigt und sehen nur das Heute.

Vergiss es nie, ganz egal wie dieses Heute aussieht: Es ist ein Teil der Kindheit deiner Kinder. Etwas, das Erinnerungen schafft. Schaffe liebenswerte Erinnerungen an einen Alltag voller Farbe und Fröhlichkeit!

Die
Heilige
Schrift

Erfülltes Leben

Leben nach Gottes Prinzipien

Nichts hat mein Denken über meinen Alltag so sehr verändert wie Gottes Wort. Darin lassen sich so viele Gedankenanstöße finden, wie ein gesegnetes und erfülltes Leben aussieht. Oft bin ich erstaunt darüber, wie sehr die Gesetzmäßigkeiten Gottes dem Denken unserer Gesellschaft entgegenstehen, wie unterschiedlich erfülltes Leben in Gottes Augen und in den Augen dieser Welt aussieht. Deshalb ist es für einen fröhlichen Alltag so wichtig, dass wir uns von Gottes Gedanken prägen lassen und dass seine Gesetzmäßigkeiten unser Leben bestimmen.

Jeder von uns wünscht sich ein erfülltes Leben und ein überfließendes Maß an Lebensqualität. Wir alle möchten einmal auf unser Leben zurückschauen und feststellen, dass es sinnvoll und gesegnet war. Doch wie erreichen wir das?

Wir haben es selbst in der Hand, denn jeder von uns wurde von Gott mit einem bestimmten Maß an Zeit, Kraft, Kapazität und Fähigkeiten ausgestattet. Die Bibel nennt das auch Talent. Diese Gaben sind sehr unterschiedlich verteilt, die einen haben viele Talente, andere dagegen eher weniger. Unsere Verantwortung ist es, mit dem, was Gott uns anvertraut hat, weise zu haushalten. Das ist der Schlüssel zu einem erfüllten Leben.

Jedoch funktionieren Gottes Prinzipien des Haushaltens so ganz anders als die von uns Menschen. Das übersehen wir schnell und dann wundern wir uns, warum uns dieses versprochene erfüllte Leben versagt bleibt.

Mit irdischen Prinzipien werden wir überall konfrontiert: Sorge gut für dich! Kümmere dich darum, dass es dir gut geht! Sieh zu, dass zuerst einmal du selbst satt wirst! Nimm dir, was du kriegen kannst! Es geht um dich. Wenn wir nach diesen und vielen anderen menschlichen Weisheiten leben, dann dürfen wir uns nicht wundern, wenn wir nur ein mittelmäßiges Leben führen, in dem von Gottes Fülle und Überfluss jede Spur fehlt. Denn die gibt's nur, wenn wir seinen Weg einschlagen und nach seinen Weisungen und Prinzipien leben.

Elisabeth Elliot ist eine Frau, die ein

überaus gesegnetes und erfülltes Leben geführt hat. Sie sagte: »Erfüllung ist kein Ziel, das man anstreben könnte, sondern immer ein Nebenprodukt des Opfers.« Und darin können wir schon ein erstes göttliches Prinzip entdecken. Nämlich: »Geben ist seliger als nehmen« (Apostelgeschichte 20,35). Nein, es macht mich nicht glücklich, wenn ich mich nur damit beschäftige, was mir jetzt gerade guttun würde und worüber ich mich freue. Auch wenn es sich vielleicht im ersten Moment so anfühlt, wird es mir doch nicht die ersehnte, lang anhaltende Erfüllung bringen. Wir müssen einen anderen Weg einschlagen, der in folgendem Vers aus Lukas 6,38 zum Ausdruck gebracht wird:

»Gebt, dann wird auch euch gegeben werden: Ihr werdet mit einem vollen, gedrückten, gerüttelten und überlaufenden Maß an Gutem überschüttet. Gott wird das Maß, mit dem ihr bei anderen messt, auch für euch verwenden.« Das Maß, das ich an andere anlege, kommt auch bei mir zum Einsatz. Ist das nicht eine wundervolle Zusage? Gott wird mich mit Gutem überschütten, wenn ich bereit bin, mein anvertrautes Talent in andere zu investieren, andere zu segnen und zu beschenken. Das bringt erfülltes Leben!

Ein weiteres Prinzip finden wir in Sprüche 11,24: »Mancher teilt mit vollen Händen aus und bekommt doch immer mehr, ein anderer spart, wo er nicht soll, und wird doch immer ärmer.« Dieser Vers führt uns deutlich vor Augen, wie komplett gegensätzlich menschliches und göttliches Haushalten sind. Logisch wäre ja eigentlich, dass der, der alles verteilt, hinterher nichts mehr hat und dass der, der klug ist und spart, nachher reich ist. Aber bei Gott ist das nicht so.

Das kann man auch sehr gut an der Geschichte von der Speisung der 5.000 erkennen (Matthäus 14). Hätte der Junge menschlich logisch gehandelt, dann hätte er seine fünf Brote und zwei Fische ganz sicher für sich behalten, damit wenigstens er satt wird. Ohne sein Opfer wären all die anderen Menschen hungrig geblieben und Jesus hätte nicht so viele Menschen segnen können. Und dem Jungen wäre dieses wundervolle Erlebnis entgangen. Dann hätte er nicht die Erfahrung gemacht, wie durch das, was er für andere gibt, Tausende Menschen satt werden und am Ende noch reichlich übrig bleibt. Das ist erfülltes Leben!

»Eine segnende Seele wird reichlich gesättigt, und wer anderen zu trinken gibt, wird selbst erquickt« (Sprüche 11,25). Auch hier können wir wieder ein göttliches Prinzip entdecken. Wenn ich anderen zu trinken gebe, bin ich diejenige, die am meisten dadurch erquickt wird. Und wenn ich andere segne und ihnen diene, dann bin ich diejenige, die dadurch überreich gesegnet wird.

Wie ganz anders ist das doch, als nur darauf zu schauen, dass ich selbst satt werde und meine eigenen Bedürfnisse gestillt werden. Denn dann bin ich zwar satt, aber nicht reichlich gesättigt und erquickt. Dann lebe ich ein Durchschnittsleben, aber kein Leben in Fülle und Überfluss.

Ich möchte dich einladen, mit dem, was Gott dir anvertraut hat, weise zu haushalten. Orientiere dich an göttlichen Prinzipien, auch wenn sie herausfordernd sind. Wenn wir uns an andere verschenken und ihnen dienen, sind wir selbst die Beschenkten. Gib Gott die Ehre und halte dich an seine Gesetzmäßigkeiten, dann wirst du seinen überreichen Segen in deinem Leben erfahren und er wird deinen Alltag zu einem Fest machen.

Ein sauberer Stall

Von nichts kommt nichts. Und meistens führt nicht der bequemste Weg zu einem erfüllten Leben. Das können wir schon den Sprüchen Salomos entnehmen: »Wo keine Rinder sind, da bleibt die Krippe sauber, doch die Kraft des Stiers bringt großen Gewinn« (Sprüche 14,4). Also, wenn du dir keine Rinder oder Kühe in den Stall stellst, dann musst du diesen zwar niemals ausmisten, musst nicht Tag für Tag die Tiere versorgen, ganz egal wie gerade das Wetter, deine Laune oder dein Gesundheitszustand ist. Und du musst auch nicht am Wochenende früh aufstehen, um zu melken.

Aber dann hast du auch niemals frische Milch, hast keinen Stier, mit dem du den Acker pflügen kannst und der dir zu allerlei anderem nützlich ist, und du wirst niemals süße Kälbchen auf deiner Wiese hüpfen haben. Okay, das ist jetzt sehr speziell, denn die wenigsten von uns sind heutzutage noch im Besitz von Rindern oder Kühen. Aber zu der Zeit, als dieser Vers geschrieben wurde, gehörten diese Tiere zu einem ertragreichen und erfolgreichen Leben dazu. Je mehr, desto besser. Und desto mehr Arbeit.

Diese Gesetzmäßigkeit lässt sich aber auch auf unser heutiges Leben übertragen: Wer ständig versucht, Aufwand und Mühe zu vermeiden, hat für den Moment betrachtet vielleicht ein leichteres Leben, wird aber auf lange Sicht ganz sicher den Mehrwert in seinem Leben vermissen.

Wir ernten, was wir säen. Das heißt, dass wir all das, was wir nicht säen, auch niemals ernten werden. Wenn ich mir nicht im Frühjahr die Mühe mache und den Garten aufhacke, um Salat, Kräuter und Gemüse zu säen, dann werde ich den Sommer über vergeblich auf diese leckeren Kostbarkeiten aus meinem Garten warten. Von allein wachsen die dort nämlich nicht. Genauso ist es auch in unserem Leben: Wir können nicht erwarten, einmal etwas zu ernten, wenn wir nichts ausgesät haben. Genauso wenig bekommen wir etwas, wenn wir nicht investiert haben. Wir können nicht darauf hoffen zu sammeln, wenn wir nicht bereit sind, etwas auszustreuen.

Natürlich können wir in der Zeit, in der die anderen säen und ihren Acker versorgen, im Schatten die Füße hochlegen und ein gutes Buch lesen. Vielleicht sogar ein Buch über Gewinnmaximierung oder ertragreichen Gemüseanbau. Und ganz sicher hätten wir in diesem Moment mehr Lebensqualität als die, die sich in der prallen Sonne mit Erde an den Händen den Schweiß von der Stirn wischen. Aber ob uns das den gewünschten Gewinn wirklich bringt?

Ein Stall ist nicht dazu da, dass er leer bleibt. Deshalb ermutige ich dich, angesichts all der Mühen und Aufgaben, in jedem Augenblick, in dem du deine eigenen Bedürfnisse hintanstellst, nicht auf den Moment zu schauen, in dem du vielleicht müde und erschöpft bist, dir der Schweiß über das Gesicht läuft und dein Leben sich nicht besonders schön anfühlt. Stattdessen denke immer daran:

Wir werden ernten, was wir säen. Jedes Körnchen an Liebe, Segen, Freundlichkeit, Hilfsbereitschaft, Mitgefühl und Herzlichkeit wird einmal aufgehen. Jeder Aufwand und jede Mühe wird sich lohnen. Schau auf die Belohnung! Das gibt dir die Kraft, den Stall fröhlich auszumisten. Denn du weißt, warum du es tust.

Grosszügig sein

Das Prinzip von Saat und Ernte begegnet uns in der Bibel immer wieder, gerade in Bezug auf unser Leben. Deshalb möchte ich noch einmal näher darauf eingehen. In 2. Korinther 9,6-11 lesen wir: »Denkt daran: Wer sparsam sät, wird auch sparsam ernten. Aber wer reichlich sät, wird auch reichlich ernten. […] Gott aber ist mächtig, euch jede Gnade im Überfluss zu spenden, sodass ihr in allem allezeit alle Genüge habt und überreich seid zu jedem guten Werk […]. Gott, der dem Sämann Samen und Brot gibt, der wird auch euch Saatgut geben und es aufgehen lassen, damit die Früchte eurer Gerechtigkeit wach-

sen. Er wird euch so reich machen, dass ihr jederzeit freigiebig sein könnt, was durch uns wieder zum Dank an Gott führt.« Hier geht es zwar in erster Linie um unseren Umgang mit Geld, aber ich denke, dass wir die Prinzipien, die wir hier finden, auch auf unseren Umgang mit den Talenten anwenden können, die Gott uns anvertraut hat. Und dazu gehören auch Geld, Zeit, Kraft, Fähigkeiten usw.

Zuallererst: Wir sind dazu aufgerufen zu säen. Das bedeutet, dass wir in Samen investieren, ihn in guten Boden legen und dann mit Geduld darauf warten, dass er aufgeht. Und dann müssen wir uns gut um die kleinen Pflänzchen mühen, sie wässern und von Unkraut frei halten, damit sie wachsen können. Erst dann werden wir mit einer reichen Ernte rechnen können. Aber entscheidend ist auch, dass Gott seinen Segen dazugibt. Ohne ihn ist alles nichts. Aber wenn wir nicht bereit sind zu investieren – im Bild gesprochen: anderen zu dienen –, nur weil wir den Aufwand scheuen oder es uns schwerfällt, uns von den Samenkörnern zu trennen, dann werden wir auch nichts ernten können.

Darum will ich dich dazu ermutigen, reichlich zu säen und nicht nur so ein bisschen Samen auszustreuen, den du noch übrig hast. Das Wissen darum, dass wir jede kleinste Investition einmal um ein Vielfaches zurückbekommen, lässt uns fröhlich und zuversichtlich ausstreuen.

Wenn wir uns dafür entscheiden, unser Leben an göttlichen Prinzipien auszurichten, dann handelt Gott auch in unserem Leben nach seinen Prinzipien und bekennt sich dazu. Dann ist unser Ausstreu-Vorrat auch nicht mehr auf unsere menschlichen Grenzen beschränkt. »Gott aber ist mächtig, euch jede Gnade im Überfluss zu spenden, sodass ihr in allem allezeit alle Genüge habt und überreich seid zu jedem guten Werk […]« haben wir eben gelesen. Also, er selbst wird dann unseren Vorrat aufstocken. In allen Bereichen, zu jeder Zeit und mehr als genug. Leben im Überfluss, überreich und nicht zu knapp. Dann brennen wir auch nicht aus, sondern haben noch Kapazitäten, um andere zu segnen. So viel Fülle und Segen werden wir niemals erfahren, wenn wir nicht anfangen auszustreuen, sondern einfach alles für uns behalten aus Angst, es könnte nicht reichen.

»Gott, der dem Sämann Samen und Brot gibt, der wird auch euch Saatgut geben und es aufgehen lassen, damit die Früchte eurer Gerechtigkeit wachsen. Er wird euch so reich machen, dass ihr jederzeit freigiebig sein könnt.« (2. Korinther 9,11) Gott befähigt und beschenkt uns und er gibt uns Leben im Überfluss, durch das viele andere Menschen gesegnet und satt werden.

Doch dürfen wir dabei nicht vergessen, dass es durchaus etwas dauern kann, bis wir ernten. Wir können nicht erwarten, heute zu säen und morgen schon zu ernten. Aussäen bedeutet eine Weile Verzicht, Arbeit und Dranbleiben. Aber es lohnt sich. Wenn wir Gott ehren, indem wir unser Leben nach seinen Prinzipien gestalten, und ihm damit zeigen, dass wir sein Wort ernst nehmen und mit ihm rechnen, dann wird er sich dazu bekennen. Und dann werden wir ein erfülltes und überfließendes Leben haben, weil wir nicht für uns selbst gelebt haben, sondern für andere.

Als Tochter Gottes gehört dein Leben nicht dir. Lebe für ihn, deinen Schöpfer, deinen Meister. Dieses Bewusstsein wird deinen Alltag leichter und heller machen. Dafür weniger lästig und nervig. Und manchmal fühlt es sich sogar an wie ein Fest. Bei dem du Jesus persönlich dienst.

Herzenssache

Im Herzen fängt es an

Ganz am Anfang haben wir gesehen, dass die einzige Zutat für einen Alltag, der ein tägliches Fest ist, ein fröhliches Herz ist. Alles andere, was wir uns in diesem Buch gemeinsam angeschaut haben, sind lediglich Gewürze, die deinen Alltag in besonderer Weise aufwerten können. Aber ohne ein fröhliches Herz wird kein Fest daraus.

Und deshalb möchte ich dir zum Schluss noch erzählen, was bei mir selbst so entscheidend für ein fröhliches Herz ist.

Dafür will ich dankbar sein

Diese Worte »Dafür will ich dankbar sein« stehen unten auf meinem Block, auf dem ich meine To-dos festhalte. Eigentlich war dieser Block gar nicht in erster Linie dafür gedacht, dass ich darauf meine nicht enden wollenden Listen mit Aufgaben führe, sondern ich wollte darauf kleine Freuden sammeln.

Kleine Freuden, die sich in meinem Alltag verstecken, die ich so oft übersehe, weil ich sie für so selbstverständlich halte: zum Beispiel den Duft von sauberer Wäsche, von frischem Brot und verschwitzten Kinderköpfen. Den Einkauf von leckeren Lebensmitteln, meinen vollen Kühlschrank und den Sommerregen. Mein Zuhause, meine Familie und auch, dass ich heute Morgen gesund aufgestanden bin.

Doch anstatt mir darüber Gedanken zu machen, wofür ich dankbar sein kann, beschäftige ich mich damit, was alles erledigt werden muss. Auch gut. Doch weiß ich, dass es für ein fröhliches Herz so wichtig ist, dass ich diese wundervollen Segnungen Gottes in meinem Alltag wahrnehme und von Herzen für sie dankbar bin. Und es fühlte sich plötzlich total unpassend an, den Platz, der eigentlich mit Segnungen gefüllt sein sollte, mit meinen zu erledigenden Aufgaben zu füllen.

Doch nachdem ich immer wieder darüber

nachgedacht habe, fiel mir auf, dass es so verkehrt gar nicht ist, meine vielen Aufgaben so zu notieren, dass darunter steht: Dafür will ich dankbar sein. Denn sind es nicht oft genau diese Aufgaben, die mich statt mit Dankbarkeit mit Missmut erfüllen?

Ich will dankbar sein. Nicht nur für all die großen und kleinen Freuden in meinem Leben, sondern auch für meine täglichen Aufgaben. Sind sie nicht der Beweis dafür, dass ich unglaublich reich gesegnet bin? Denn dass ich ständig am Aufräumen bin, verdanke ich dem Umstand, dass ich Kinder habe, die Chaos machen. Böden und Fenster putzen muss ich doch nur, weil ich mit einem wunderschönen Zuhause gesegnet bin. Dreimal am Tag in der Küche stehen und Essen machen ist nur deshalb notwendig, weil ich eine Familie habe, für die ich sorgen darf. Wäsche waschen, aufhängen, falten, bügeln ... all das geht nur, weil wir genug zum Anziehen haben. Und überhaupt, dass ich so gesund bin und mich selbst um diese Aufgaben kümmern kann, ist doch ein Grund zur Dankbarkeit. Bin ich nicht beschenkt?

Diese Dankbarkeit verändert meinen ganzen Alltag. Sie macht ihn bunt und hell und füllt mein Herz mit Fröhlichkeit. Sie verwandelt die vielen lästigen Aufgaben in einen Grund zur Freude und den staubigen Alltag in ein fröhliches Fest. Nicht weil sich irgendetwas an meinem Alltag verändert, sondern weil sich mein Herz verwandelt.

geteilte Freude
ist doppelte Freude

Unsere liebsten Familienrezepte

Ich finde es unglaublich schwierig, die richtige Menge an Essen zu kochen. Denn anscheinend ist es ein Naturgesetz: Wenn ich etwas weniger koche, haben plötzlich alle einen Bärenhunger und es reicht nicht. Koche ich etwas mehr, ist irgendwie niemand richtig hungrig und es bleiben Reste. Und das mag ich überhaupt nicht. Denn meistens reichen sie nicht, um uns alle am nächsten Tag noch mal satt zu machen. Daher müsste ich dann wieder etwas dazupuzzeln und das mag ich einfach nicht.

Deshalb habe ich mit der Zeit Strategien entwickelt, die Reste von mittags zum Abendessen effektiv zu »verbacken«, damit ich sie nicht mit in den nächsten Tag nehmen muss. Die ersten zwei Rezepte sind für die Resteverwertung gedacht.

Kartoffelbrot aus Kartoffelpüree-Resten

Kartoffelpüree ist irgendwie so ein klassisches Gericht, von dem immer etwas übrig bleibt. Daraus lässt sich aber wunderbar ein leckeres Kartoffelbrot backen.

Dafür brauchst du:

- den Rest Kartoffelpüree
- 500 g Mehl (ich verwende Dinkelvollkornmehl)
- 1 TL Salz
- 1 TL Zucker
- 1 Würfel Hefe
- 200 ml warmes Wasser

Zuerst löse ich die Hefe mit dem Zucker in 200 ml warmem Wasser auf.

Dann gebe ich das Hefegemisch zusammen mit dem Mehl, dem Kartoffelpüree und dem Salz in eine Schüssel und knete es langsam zusammen. Meistens muss ich noch etwas mehr warmes Wasser dazugeben. Die Menge ist abhängig davon, wie groß der Püree-Rest ist und muss dementsprechend jedes Mal individuell angepasst werden. Der Teig muss gut zu kneten sein: also nicht zu fest und nicht zu weich.

Nun lasse ich den Teig eine halbe Stunde ruhen, knete ihn danach noch mal etwas durch und gebe ihn in eine gefettete Kastenform. Dort ruht er noch einmal für ungefähr eine halbe Stunde. Während dieser Zeit heize ich schon mal den Backofen auf 240 Grad vor.

Backzeit: 15 Minuten auf 240 Grad, danach weitere 45 Minuten bei 200 Grad.

Zum Abkühlen auf ein Gitter stürzen und genießen. Schmeckt richtig gut einfach nur mit Butter bestrichen und Salz bestreut.

Hackfleischsoße und -pizza

Hackfleischsoße ist auch so eine Sache, von der ich selten die richtige Menge treffe. Und seit es aus den Resten diese leckere Pizza zum Abendessen gibt, mache ich oft gleich etwas mehr davon. Oder ich bereite diese Soße extra nur für die Pizza vor, wenn wir Besuch bekommen, sodass ich dann schnell ein leckeres Essen auf dem Tisch habe. Das Rezept reicht für zwei Pizzableche oder für Nudeln mit Soße am Mittag und ein Blech Pizza am Abend.

Für die Hackfleischsoße brauchst du:

- 600 g Rinderhack
- 2 Knoblauchzehen
- 1-2 Zwiebeln
- 2 EL Tomatenmark
- 50 ml Rotwein
- 1 große Flasche Tomatensoße
- etwas Salz, Pfeffer, Oregano
- 1 EL Zucker oder Honig

Zuerst brate ich das Hackfleisch in einem Schluck Olivenöl gut an, gebe gegen Ende die gewürfelten Knoblauchzehen und Zwiebeln dazu und brate sie kurz mit. Dann vermische ich das Tomatenmark mit dem Hackfleisch und lösche das Ganze mit dem Rotwein und der Tomatensoße ab. Nachdem alles kurz geköchelt hat, würze ich die Soße mit Salz, Pfeffer, Oregano und – ganz wichtig – reichlich Zucker oder Honig. Mindestens einen Esslöffel. Eher mehr.

Nun koche ich einfach Nudeln dazu und den Rest gibt's abends auf einem Pizzaboden.

Für den Pizzateig brauchst du:

- 500 g Mehl
- 300 ml warmes Wasser
- 1 Würfel Hefe
- 1 TL Salz
- 3 EL Olivenöl

Ich mische alle Zutaten zu einem Teig und lasse ihn 30 bis 40 Minuten gehen. Danach rolle ich ihn auf einem Blech aus, gebe die Hackfleischsoße darauf und bestreue alles mit reichlich geriebenem Käse.

Im vorgeheizten Backofen muss die Pizza dann bei 240 Grad zwischen 15 und 20 Minuten backen. Ich schau einfach immer mal rein, dass sie nicht zu dunkel wird.

Pfannkuchen für kleine Feste mitten im Alltag

Der erste Ferientag oder ein freier Tag wird bei uns meistens mit Pfannkuchen zum Frühstück gefeiert. Mein Lieblingsrezept dafür ist das folgende, es ergibt 16 Pfannkuchen.

Dafür brauchst du:

- 100 g geschmolzene Butter
- 400 g Mehl (ich nehme Dinkelvollkornmehl)
- 1 Prise Salz
- 5 Eier
- 1 Prise Vanille gemahlen
- 2 EL Zucker
- 650 ml Milch
- 100 ml Wasser

Alle Zutaten verrühre ich zu einem glatten Teig und lasse diesen mindestens 15 Minuten ruhen, damit sich die Zutaten gut verbinden. In der Zeit kann die Pfanne schon mal richtig heiß werden. Das ist übrigens das Geheimnis, damit der erste Pfannkuchen auch gut gelingt.

Zum Backen gebe ich eine Kelle des flüssigen Teigs in die Mitte der Pfanne und schwenke sie dann hin und her, dass der Teig sich gleichmäßig dünn verteilt. Sobald er fest geworden ist, wende ich den Pfannkuchen vorsichtig und lasse ihn noch kurz von der anderen Seite backen. Fertig.

Dazu schmeckt uns sehr gut Dattelsirup, Zimtzucker und natürlich Schokoaufstrich.

Kartoffelcremesuppe

Natürlich kann man einfach Kartoffeln schälen. Man kann aber auch ein Spiel daraus machen. Unser Jüngster liebt es, mir immer die dickste Kartoffel zu bringen. Und schon haben wir nicht nur geschälte Kartoffeln, sondern auch eine Menge Spaß und vielleicht ein paar schöne Kindheitserinnerungen.

Und weil Kartoffelcremesuppe ein Essen ist, das bei uns wirklich alle Kinder richtig gern essen, schälen wir ziemlich oft zusammen Kartoffeln.

Dafür brauchst du:

- 1,5 kg Kartoffeln
- 1 Zwiebel
- 1 große Karotte
- 1-2 Mettwürstchen
- 1 TL Salz
- 1 TL Gemüsebrühe
- 1 Becher Sahne
- Pfeffer, Muskat und Kräuter nach Belieben

Die Kartoffeln schälen und alle Zutaten klein schnippeln. Die Mettwürstchen kurz in Öl anbraten, die klein geschnittenen Kartoffeln, die Zwiebel und die Karotte dazugeben, mit 1 TL Salz und 1 TL Gemüsebrühe würzen und mit so viel Wasser auffüllen, bis alles knapp bedeckt ist.

Nach ca. einer halben Stunde Garzeit kommt noch ein Becher Sahne dazu und das Ganze wird zu einer Cremesuppe püriert. Mit Salz, Pfeffer, Muskat und Kräutern nach Belieben abschmecken (ich mag gern Maggikraut, Majoran oder Petersilie) und 3 bis 4 Fleischwürstchen klein schnippeln und dazugeben.

Lieblingscookies für unsere Teerunde

Die Teerunde am Nachmittag ist das tägliche Highlight für die Kids und mich. Sie sorgt dafür, dass unser Alltag nicht nur nebeneinanderher, sondern auch bewusst miteinander gelebt wird. Und natürlich ist es richtig schön, wenn es dazu etwas Selbstgebackenes zu knabbern gibt. Diese Cookies sind superschnell gemacht und sehr beliebt bei Groß und Klein.

Dafür brauchst du:

- 150 g Butter
- 200 g Rohrzucker
- ½ TL gemahlene Vanille
- 1 Ei
- 200 g Mehl
- ½ TL Backpulver
- 1 Prise Salz
- 100 g gehackte Haselnüsse (können auch durch Mandeln ersetzt werden)
- 150 g grob gehackte Zartbitterschokolade

Alle Zutaten zu einem Teig verrühren und mit einem Teelöffel kleine Häufchen mit genug Abstand auf das Backblech setzen.

Bei 180 Grad ca. 14 Minuten backen und gut auskühlen lassen.

Glückskugeln

Als Mama braucht man ziemlich oft Nervennahrung, oder? 😉 Also ich jedenfalls. Und viel zu schnell greife ich zu meinem Schokoladenvorrat im Küchenschrank (den ich dort wohlweislich vor meinen Kindern versteckt hab). Nur leider ist das nicht besonders nahrhaft und auch nicht besonders gesund.

Deshalb nehme ich mir hin und wieder die Zeit, diese Glückspralinen zu zaubern. Sie sind nicht nur superlecker, sondern auch nahrhaft und gesund. Eine richtige Nervennahrung.
Wusstest du, dass Datteln gerade für uns Mamas ein richtiger Booster sein können? Sie haben einen hohen Gehalt an B-Vitaminen, die eine beruhigende Wirkung auf unsere Nerven haben. Noch dazu enthalten sie Tryptophan, eine Aminosäure, die der Körper zur Herstellung von Serotonin benötigt, das oft als »Wohlfühlhormon« bezeichnet wird. Und auch andere wertvolle Nährstoffe finden sich in Datteln, die unserem Mama-Körper einfach nur guttun.

Auch in dem ungesüßten Kakaopulver ist Tryptophan enthalten, dessen Wirkung ich oben schon beschrieben habe. Der Verzehr dieser Glückskugeln senkt sogar unser Stresslevel.
Diese Nervennahrung solltest du dir angesichts deiner täglichen Herausforderungen ruhig hin und wieder einmal gönnen. Und glaub mir, die solltest du auch gut verstecken. Meine Kids lieben diese Kugeln jedenfalls genauso wie ich.

Dafür brauchst du:

- 160 g Datteln
- 80 g Haselnüsse
- 30 g Haferflocken
- 25 g Backkakao
- 1 EL Kokosöl
- 1 Löffelspitze Vanille
- 1 TL Zimt
- 1 Prise Salz

Die Datteln 15 Minuten in heißem Wasser einweichen und anschließend abgießen. Die Haselnüsse klein hacken und rösten. Anschließend die restlichen Zutaten mit den Datteln und den gehackten Nüssen im Hochleistungsmixer zu einer Masse rühren, Kugeln à 15 g formen, in Zartbitterschokolade wälzen und ggf. mit gehackten Haselnüssen bestreuen.

Im Kühlschrank aufbewahren.

Viel Freude beim Zubereiten, Genießen und Verschenken.

Schokobrötchen

Schokobrötchen zum Frühstück können die Laune an einem muffeligen Montagmorgen schon ziemlich erhellen. Das Beste ist: Der Teig lässt sich wunderbar am Vorabend zubereiten, sodass diese kleinen Köstlichkeiten morgens schnell gebacken sind und einen wundervollen Duft samt guter Laune verbreiten.

Dafür brauchst du:

- 500 g Mehl
- 2 g frische Hefe (ein fingerkuppengroßes Stück)
- 300 ml kalte Milch
- 3 EL Zucker
- ½ TL Salz
- 100 g flüssige Butter
- 100 g Schokotröpfen
- 1 Eigelb (zum Bepinseln)

Das mischst du alles (bis auf das Eigelb) zusammen zu einem Teig und lässt ihn über Nacht einfach in deiner Küche stehen. Am nächsten Morgen formst du daraus 16 kleine Brötchen, bepinselst sie mit Eigelb und backst sie bei 180 Grad 15 Minuten im vorgeheizten Backofen.

Lieblingsfrühstück für sonntags: Hefewaffeln

Der Sonntagmorgen ist bei uns nicht gerade entspannt. Es ist gar nicht so einfach, alle Kinder rechtzeitig vor dem Gottesdienst am Start zu haben. Das geht dir sicher auch so. Dennoch ist es mir wichtig, dass wir auch am Sonntag zusammen als Familie ein leckeres und besonderes Frühstück genießen können, denn ein gutes Essen hebt die Laune der ganzen Familie und mit einer besseren Laune lässt sich die Hektik eines Sonntagmorgens doch viel besser wegstecken und es verläuft trotz allem friedlicher und harmonischer.

Unser liebstes Frühstück an einem Sonntagmorgen sind Waffeln mit Obstsalat und Sahne. Den Waffelteig kannst du schon am Samstagabend vorbereiten, sodass du am Morgen gleich mit dem Backen loslegen kannst.

Dafür brauchst du:

- 500 ml Milch
- 125 g geschmolzene Butter
- 7 EL Zucker
- ½ TL Salz
- 1 Prise Vanille gemahlen (alternativ 1 EL Vanillezucker)
- ½ Päckchen Backpulver
- 400 g Mehl
- 2 g frische Hefe

Alles gut verrühren und über Nacht in der Küche stehen lassen. Am nächsten Morgen noch einmal gründlich durchrühren und dann gleich losbacken.

Während die Waffeln backen, schlage ich die Sahne und schneide alle Zutaten für den Obstsalat klein. Dazu nehme ich das, was es an Obst gerade so gibt. Im Winter sind das Äpfel, Bananen und Mandarinen, manchmal auch Weintrauben und Heidelbeeren. Im Sommer kommen dann noch Erdbeeren, Himbeeren, Nektarinen, Pfirsiche usw. dazu.

Für das Dressing brauchst du:

- 1 EL Honig
- 2 EL Walnussöl
- eine Prise gemahlene Vanille

Alle Zutaten vermischen.

Das Dressing peppt den Salat nicht nur geschmacklich auf, sondern unterstützt den Körper dabei, die ganzen Vitamine gut aufzunehmen.

Und wenn die Waffeln fertig gebacken sind, steht – mit Puderzucker und Schokoaufstrich – ein liebevolles Sonntagsfrühstück auf dem Tisch, das nachher auch schnell wieder weggeräumt ist und für gute Laune sorgt.

Ein weiteres Buch von Sara Kitzmann

Liebenswerter Alltag
Mit Gott zwischen Bauklötzen, Buntwäsche und Babybrei
ISBN 978-3-96362-258-8
124 Seiten, gebunden

Das Leben mit kleinen Kindern ist herausfordernd, zwischen Bauklötzen, Buntwäsche und Babybrei ist man als Mama ständig gefordert. Die Autorin, selbst Mutter von vier Kindern, will dazu ermutigen, mitten im umtriebigen Familienalltag innezuhalten und sich Oasen zu schaffen, in denen man aufatmen und Gott begegnen kann. Denn eines sollte man nie vergessen: Auch wenn andere vielleicht nicht wahrnehmen, was eine Mutter von kleinen Kindern täglich leistet, einer sieht es – Jesus.